Batthyány / Lukas

Die Welt ist nicht heil, aber heilbar

Alexander Batthyány
Elisabeth Lukas

Die Welt ist nicht heil, aber heilbar

Schwierige Lebensphasen meistern

Impulse aus der Logotherapie Viktor Frankls

Tyrolia-Verlag · Innsbruck-Wien

Nachhaltige Produktion ist uns ein Anliegen; wir möchten die Belastung unserer Mitwelt so gering wie möglich halten. Über unsere Druckereien garantieren wir ein hohes Maß an Umweltverträglichkeit: Wir lassen ausschließlich auf FSC®-Papieren aus verantwortungsvollen Quellen drucken und verwenden Farben auf Pflanzenölbasis. Wir produzieren in Österreich und im nahen europäischen Ausland, auf Produktionen in Fernost verzichten wir ganz.

MIX
Papier aus verantwortungsvollen Quellen
FSC® C014138
FSC www.fsc.org

Mitglied der Verlagsgruppe „engagement“

Layout und digitale Gestaltung: Studio HM, Hall in Tirol
Umschlaggestaltung: Tyrolia-Verlag, Innsbruck
Druck und Bindung: Finidr, Tschechien
ISBN 978-3-7022-4135-3 (gedrucktes Buch)
ISBN 978-3-7022-4155-1 (E-Book)
E-Mail: buchverlag@tyrolia.at
Internet: www.tyrolia-verlag.at

Inhaltsverzeichnis

Für Marie Czernin († 2022)
Alexander Batthyány

Für Heidi Schönfeld
Elisabeth Lukas

Einleitung

Elisabeth Lukas

Viktor Emil Frankl war Psychiater, Neurologe, Philosoph und einer der „großen Söhne Österreichs". 1905 in Wien geboren, war er als junger Arzt in den 1930er-Jahren mit vielen seelisch kranken und verzweifelten Menschen konfrontiert. Natürlich sah er, dass es genug Ursachen gab, warum Menschen seelisch krank wurden: Viele waren von schlimmen Erfahrungen traumatisiert, die Wirtschaftskrise und Hungersnot trugen dazu bei, es herrschten autoritäre Erziehungssysteme, und die instabile politische Lage verhieß eine ungewisse Zukunft. Wenn wir diese Situation mit der heutigen vergleichen, so können wir sagen: In mancher Hinsicht geht es uns besser. Dennoch hat sich das Potential einer ungewissen Zukunft verschärft, was die heutige Generation sehr zu spüren bekommt. Risikofaktoren, die uns seelisch belasten, gibt es auch derzeit genug.

Frankl jedoch vollzog eine Wende zu einem völlig neuen Ansatz. Er fragte sich: „Was erhält Menschen seelisch gesund?" Statt Ursachen der Krankwerdung erforschte er Gründe der Gesundwerdung bzw. des Gesundbleibens in bedrängender Zeit. Und so entdeckte er die Bedeutung der Sinnfrage im menschlichen Leben. Überlegen wir uns: Was ist das Beste, das einem Menschen im Leben passieren kann? Wohl dies: Dass er mit sich und seinem Leben im Großen und Ganzen zufrieden ist und dass er das Gefühl hat, sein Leben meistern zu können, auch wenn es einmal Sorgen und Ärgernisse gibt. Genau für diese zwei „Geschenke" aber stehen die Chancen gut in einem sinnerfüllten, am Sinn orientierten Leben.

In vielen Studien hat sich inzwischen gezeigt, was Frankl intuitiv vorweggenommen hat, nämlich dass Menschen, die ihr Leben als sinnvoll betrachten bzw. sich sinnvollen Projekten und Zielen zuwenden, sehr oft – geradezu als Nebeneffekt – Erfolg haben, anerkannt werden, froh über das Geleistete und Erreichte sind, kurz, die Zufriedenheit mit sich und ihrem Wirken steigern können. Als Zweites aber zeigt sich, dass Menschen, die etwas Sinnvolles anstreben, auch an Robustheit und Durchhaltevermögen zulegen, dass sie physische und psychische Kräfte entwickeln, um sich dem Angestrebten zu widmen, und dass sie bei Hürden und Widerständen nicht schnell aufgeben. Sie gewinnen an Frustrationstoleranz. Dies alles fördert ihre Zuversicht und ihr seelisches Gesundbleiben auch noch in Krisensituationen.

Umgekehrt ist der Zweifel an der Sinnhaftigkeit des eigenen Daseins und den Möglichkeiten, es sinnvoll zu gestalten, niederschmetternd. Der Gedanke, es hat alles keinen Sinn mehr, raubt jegliche Hoffnung und lähmt sämtliche guten Initiativen. Die Folgen sind verheerend. Entweder sagt sich jemand: „Es geht sowieso alles kaputt, also mache ich es mir jetzt so bequem und amüsant, wie ich nur kann – und hinter mir die Sintflut!" Er kümmert sich um keine Verantwortlichkeiten mehr, was oft in einem bösen Erwachen endet.

Oder er lässt gleich den Kopf hängen und versinkt in Lethargie, Depression, Selbstmitleid oder Zynismus. Dass beide Varianten seelischen Turbulenzen Vorschub leisten, ist nicht verwunderlich.

Außerdem ist es exakt, was unsere Gesellschaft *nicht* braucht, denn es vergrößert zusätzlich die Probleme in problembelasteter Zeit.

Für ein zufriedenstellendes Leben benötigt der Mensch also sinnvolle Aufgaben, die ihm vorschweben und für die er sich engagieren kann. Solche Aufgaben präsentieren sich uns heute in Hülle und Fülle. Man muss nur den einzelnen Personen ihre mögliche Teilhabe daran darlegen. Insbesondere Jugendliche kippen schnell in düstere Stimmungen, weil sie meinen, nichts verändern zu können. Sie seien nicht gefragt, nicht wichtig, politisch wie sozial ohnmächtig und einer brutalen Welt ausgeliefert, die sie um ihre Zukunft betrügt. Kann man ihnen Wege aufzeigen, wie sie sich gerade angesichts der drohenden Verschlechterung unserer Lebensbedingungen bewähren und selber mithelfen können, Schlimmes zu verhindern, flammt sofort Begeisterung auf, und die düstere Stimmung verflüchtigt sich.

Frankl hat schon in den 1930er-Jahren in den von ihm und Charlotte Bühler gegründeten Jugendberatungsstellen nach diesem Prinzip gearbeitet. Damals war die vorherrschende Arbeitslosigkeit ein bedrückendes Thema, und die jungen Menschen setzten ihre Arbeitslosigkeit mit einer Sinnlosigkeit ihres Lebens gleich. Frankl entlarvte dies als Fehlidee und bewog die Ratsuchenden, ehrenamtliche Pflichten zu übernehmen, sich an unentgeltlichen Hilfsaktionen zu beteiligen u. Ä. Und siehe da, trotz leerer Mägen erholten sie sich psychisch. Heute sind es andere Themen, die die Jugend aufwühlen, aber wiederum schleicht sich die Fehlidee ein, nicht allzu viel wert zu sein.

Ein 16-Jähriger brachte seinen Kummer kürzlich auf den Punkt. Er klagte: „Bei der enormen Überbevölkerung auf Erden bin ich einer zu viel!“ Was hätte Frankl ihm entgegnet? Ich vermute, er hätte geantwortet: „Mein Junge, kannst du die Überbevölkerung reduzieren?“ Und auf das Nein des Jungen hätte er gesagt: „Nun ziehe alle

Konzentration von dem ab, was nicht in deinen Händen liegt, und richte sie stattdessen auf das, was du selbst bestimmen kannst. Erzähl mir davon! Worüber hast du eine Wahl? Wie du deinen Freunden, deinen Eltern begegnest? Ob du Sport treibst oder träge herumsitzt? Ob du dich in ein Fachgebiet vertiefst oder faulenzt? Erzähl mir von dem, was du in dem kleinen Umfeld rings um dich herum besänftigen, unterstützen, verbessern kannst. Denn sobald du dies tust, gilt: „,Wenn es dich nicht gäbe, wäre einer zu wenig auf Erden!'" Grundsätzlich sollte man all jenen, die sich vor apokalyptischen Visionen fürchten, zurufen: „Fürchtet nicht die Zukunft, sondern das Versäumnis des Augenblicks!" Denn was sie in der Gegenwart entscheiden, davon wird ihre Zukunft wesentlich mit abhängen. Es ist sinnlos, sich gedanklich auf das zu fixieren, was man im Moment nicht ändern kann, und es vergeudet noch dazu Kraftressourcen, die man für Konstruktives dringend benötigt. Dass vieles aus dem nicht änderbaren Bereich überaus tragisch ist, sei unbestritten. Weshalb Frankl auch die Parole vom „tragischen Optimismus" ausgab. Er mahnte durchaus zum Realismus: „Sieh dir die Tragödien an und schau nicht weg!" Aber danach schwenkte er um zum Idealismus: „Und nun sieh dir an, was *du* beitragen kannst, um aus der Welt einen menschenwürdigen Ort zu machen!" Zu optimieren, was in unserer Macht steht, *das* ist Optimismus.

Im Übrigen zeichnen sich sinnvolle Aufgaben in Notstandsepochen deutlicher ab als in Wohlstandsepochen. Wenn einem vieles in Leichtigkeit und Überfluss zufällt, dann ist nicht offensichtlich, wofür man sich noch einsetzen sollte. Das tägliche Leben läuft ohne größeren Energieaufwand wie von selbst ab, es rollt quasi an einem vorbei. Das erzeugt Unausgefülltheit und Missmut. So erklärt sich, dass in prosperierenden Zeiten, die ja eigentlich ein riesiges Glück für eine Bevölkerung sind, seelische Krisen wie Süchte oder Gewalttaten eher zunehmen, so absurd das ist. In Katastrophenzeiten hingegen wurde immer wieder beobachtet, dass sich nach einer Phase der Schockstarre und des Jammerns bei vielen Betroffenen die Fähigkeit ausgebildet hat, den Schicksalsschlägen die Stirn zu bieten und das Bestmögliche aus den misslichen Umständen herauszuholen. Wir können diese Beobachtung guten Mutes auf unsere heutige Situation übertragen. Seit der Jahrtausendwende hat sich ein gesamtbedrohliches Szenario zusammengeballt: von den Flüchtlingsströmen angefangen bis zur Erderwärmung, von der Umweltverschmutzung bis zur Pandemie, von Ernährungsengpässen bis zum atomaren Säbelrasseln. Noch sind die Schockstarre und das allgemeine Jammern voll im Gange, aber auch ein zarter Aufruf zur Umkehr und zur Erneuerung regt sich weltweit.

Frankls Konzepte stellen manches psychologische Paradigma auf den Kopf. Zum Beispiel die Auffassung, dass die Menge dessen, was wir im Zuge unseres Heranreifens erfahren haben, Prägungsgewalt über uns habe. Sie hat zwar einen großen Einfluss auf uns, aber je älter wir werden, desto eher können wir uns Einflüssen entziehen, wenn wir sie ablehnen. Geschlagene Mädchen werden nicht automatisch zu schlagenden Müttern. Kinder aus Alkoholikerfamilien werden nicht automatisch zu Säufern. Häufig beschreiten Kinder ganz andere Wege und wenden sich von ihren elterlichen Vorbildern ab. Es ist nicht einfach, die Qualität des Empfangenen eigenständig zu korrigieren, aber machbar ist es.

Nein, das von uns im Laufe des Lebens Erfahrene hat keine Prägungsgewalt, die ist woanders zu lokalisieren: nämlich bei dem von uns Ausgestrahlten und Ausgesandten. Wer Liebe erfahren hat, muss kein Liebender sein. Aber wer Liebe austeilt, *der* ist ein Liebender. Wer Hass empfangen hat, muss nicht auch gehässig sein. Aber wer selber hasst, *der* ist ein Hassender. So ist es mit allem, unweigerlich und unabdingbar. Wer lehrt, ist ein Lehrer, wer rettet, ist ein Retter … das von uns in die Welt Ausgesandte formt und prägt unsere eigene Identität. Wenn ich bestohlen werde, ist das zwar unangenehm, aber noch ist alles über mich offen. Ich kann vor Wut schnauben, bitterlich weinen oder gelassen bleiben – mehrere Alternativen stehen mir zur Verfügung. Doch wenn ich selber stehle, gibt es keine Alternative mehr zu meiner Diebesidentität. Auch wenn ich die Tat bereue, auch wenn ich sterbe, bleibt es wahr, dass ich einmal zur Diebin geworden bin. „Jede Tat ist ihr eigenes Denkmal", wie es Frankl formuliert hat.

Im Licht dieses Paradigmenwechsels wird klar, dass es nicht opportun ist, das von uns Empfangene und Erfahrene ständig zu memorieren und zu analysieren, vielmehr ist fruchtbar, gut zu überlegen, was jeweils von uns ausgehen kann und soll. Bedenken wir: Was von uns ausgeht, hat stets doppelte Folgen. Ist es positiv für die Außenwelt, dann freut sich erstens diese Außenwelt, aber es bescheinigt zweitens auch uns eine positive Identität. Wer Barmherzigkeit ausübt, macht *sich* zu einem barmherzigen Menschen. Ist es negativ für die Außenwelt, dann bekümmert es erstens diese Außenwelt, aber es überschattet zweitens auch unsere eigene Identität. Wer andere quält, macht *sich* zu einem Sadisten. Es sind Doppelfolgen, die nicht mehr annulliert werden können.

In der Praxis kann man Ratsuchenden allein mit dieser Perspektive ein großes Stück weiterhelfen. Wie oft beschweren sie sich über Partner, Kollegen oder Vorgesetzte, die nicht handeln, wie sie ihrer Meinung nach handeln sollten. Beschweren kann man sich lange, aber der Effekt ist minimal. Was andere tun, ist von uns nicht entscheidbar. Wechseln wir zum entscheidbaren Teil und fragen wir uns: Wie wollen *wir* in Zukunft mit Partner, Kollegen oder Vorgesetzten umgehen? Wollen wir jede Aggression mit Aggression, jede

Unfairness mit Unfairness erwidern? Wollen wir die Kette des Leides fortsetzen? Oder wollen wir sie lieber abreißen lassen und etwas Sinnvolleres anbieten? Man sieht, wenn wir den Blick abziehen von dem, was wir empfangen und erfahren, und hinlenken auf das, was wir zu geben haben, landen wir wieder bei der Sinnfrage, und die ist ein prima Geleit durchs Leben. Welche Reaktion von uns wäre so sinnvoll, dass sie Konflikte dämpft, andere nicht verletzt und uns erlaubt, auf uns selbst stolz zu sein? Was fördert die Chance auf positive Doppelfolgen? Nicht immer wird uns die perfekte Antwort darauf einfallen, aber bloß schon die Suche nach der sinnvollsten Antwort auf schwierige Lebensfragen ist ein Impuls, der die Hoffnung für uns und unsere Mitmenschen vermehrt.

Frankls Werk ist ein einziger großer Appell an uns, unnötiges Leid zu verhindern, wo immer wir in der Lage dazu sind, denn an unabwendbarem Leid mangelt es nicht. Aber sogar diesem gegenüber existiert noch eine sinnvolle Antwort im tapferen, geduldigen Ertragen, der höchsten „Leistung“ und „Tüchtigkeit“, die ein Mensch sich abringen kann.

Es ist mir eine große Freude, von meinem Koautor eingeladen worden zu sein, mich gemeinsam mit ihm über die großen Fragen unserer Zeit und Frankls Ideen und Appelle dazu auszutauschen. Je öfter wir dies tun, desto deutlicher zeigt sich, wie überraschend aktuell die logotherapeutischen Thesen sind. Wie stützend, tröstend und umsetzbar sie sich gerade den Menschen von heute präsentieren. Ich bin überzeugt, dass auch die Leserinnen und Leser dies merken werden, sobald sie sich gedanklich in unsere Dialoge einklinken.

Möge ihnen der eine oder andere von uns dargelegte Aspekt zum Wohle gereichen und sie ermutigen, trotz allem Ja zum Leben zu sagen.

Von der Kunst, den Herausforderungen der Gegenwart zu begegnen

Batthyány: In unserem zuletzt erschienenen gemeinsamen Buch haben wir versucht, eine Art „Standortbestimmung“ der Logotherapie und Existenzanalyse vorzunehmen, und haben dabei sehr viele und weite Themenfelder abgesteckt.[1] Aber wie viel ist seither – innerhalb von nur knapp drei Jahren – geschehen, wie sehr und wie schnell ist die Welt um uns herum ins Wanken geraten! Eine Pandemie mit weltweit Millionen Toten und zahlreichen chronisch an Long Covid Erkrankten, ein Krieg vor bzw. an den Toren Europas, Millionen Menschen sind auf der Flucht, Familien sind zerrissen, Eltern verwaist. Zugleich verzeichnen die Meteorologen teils drastische Wetterverschiebungen: Der Klimawandel wird sichtbar und ablesbar – nicht mehr nur in Klimatabellen, sondern streckenweise sogar schon im alltäglichen Wettergeschehen.

Wir haben nichts von alledem in unserem letzten Buch besprochen. Wir saßen gerade über den Korrekturfahnen, als die Pandemie an Fahrt aufnahm und ihr weiterer Verlauf – ebenso wie der Krieg in der Ukraine – noch nicht absehbar war. Möglicherweise warf aber das, was sich da gerade zusammenbraute, auch schon seine Schatten voraus; vielleicht lag etwas von dem, was nun über uns gekommen ist, bereits in der Luft. Denn wenn ich heute unser letztes Buch durchblättere, dann fällt mir auf, wie oft wir darin in den verschiedensten (auch scheinbar nicht unmittelbar naheliegenden) Zusammenhängen über menschliche Grenzsituationen, über die tragische Trias von Leid, Schuld und Tod gesprochen haben, obwohl wir beide, wie gesagt, gar nicht wissen konnten, wie schnell und tiefgreifend sich die Lebensumstände und -bedingungen so vieler Menschen ändern würden.

Bereits das erste Kapitel unseres Buchs handelte etwa von der Frage nach Glück und Dankbarkeit und den Problemen und Gefahren, die von einer Konsum- und Anspruchshaltung ausgehen, die das Gute, das wir erleben, als selbstverständlich hinnimmt – und dann eigentlich gar nicht mehr als solches wahrnimmt – und entsprechend wenig Achtung und Aufmerksamkeit dem eigenen möglichen Leiden bzw. dem tatsächlichen Leiden anderer entgegenbringt.

Um daran anzuknüpfen und aus der Perspektive meiner Generation zu sprechen – wir sind in einem historisch unvergleichbaren Wohlstand und in sozialer Absicherung aufgewachsen, und meine Generation ist politisch mündig geworden, als der Kalte Krieg und die nukleare Bedrohung der beiden Blöcke bereits nur noch im Rückspiegel als Relikt der Vergangenheit sichtbar war. Der Fall des Eisernen Vorhangs, zugleich ein enormer wirtschaftlicher Aufschwung (zumindest im Westen) mitsamt der digitalen Revolution vermittelte meiner Generation die Vorstellung, dass von nun an immer alles besser würde. Viele von uns glaubten an Wachstum, an nahezu unbegrenztes Wachstum sogar. Und doch mahnten Menschen mit sozialem, psychologischem oder philosophischem Weitblick (wie etwa Viktor E. Frankl) zu einer realistischeren Einschätzung unserer Lage – mit Blick etwa auf die sich anbahnende Umweltkatastrophe, auf das Nord-Süd-Gefälle, auf den Welthunger oder einfacher noch mit Blick auf die Grundgegebenheiten der *Conditio humana*, der menschlichen Bedingtheit.

Die Welt ist nicht heil

Nur gelegentlich haben uns herausragende Ereignisse und Einbrüche wie die Anschläge des 11. September 2001 oder die Attentate von Nizza, Paris oder Berlin aufgerüttelt. Aber jetzt ist das Signal unüberhörbar geworden. Jetzt hat uns die Geschichte innerhalb sehr kurzer Zeit eines Besseren belehrt. Sie hat uns unter anderem einen neuen Realismus gelehrt – und damit eben jenen Realismus, den Frankl immer wieder als Grundlage für seinen auch von Ihnen, Frau Professor Lukas, eingangs angesprochenen „tragischen Optimismus" voraussetzte: Die Welt sehen und nehmen, wie sie wirklich ist, ohne ihre leidvollen Aspekte auszublenden; und zugleich: Den Optimismus nicht aufgeben, dass die Welt zwar „nicht heil, aber heilbar" ist. Und dass in unserem Idealismus die Hoffnung aufrecht ist, dass *wir* es sind, die zumindest ein wenig an der Heilung einer verwundeten Welt mitwirken können – im Kleinen wie im Großen.

Daher haben wir uns dazu entschlossen, dieses Buch insbesondere diesen Zusammenhängen zu widmen – im engeren Sinne also bei den Krisen und Nöten unserer Zeit zu verbleiben und uns anzusehen, was die Psychologie, die Philosophie, die Psychotherapie und insbesondere die Logotherapie und Existenzanalyse dazu beitragen können, diese Nöte besser zu verstehen und ihnen auch angemessen begegnen zu können.

Es mag nun der oder die eine oder andere sich an dieser Stelle fragen, warum ausgerechnet die Impulse aus der Logotherapie hier so relevant und hilfreich sein mögen. Sie, verehrte Frau Prof. Lukas, haben das in Ihrem Einleitungstext erklärt. Man könnte an dieser Stelle noch ergänzend eine größere Anzahl empirischer und klinischer Studien erwähnen, die der Logotherapie angesichts der unterschiedlichsten Formen schicksalhaften Leides oder schwieriger Lebensumstände und Lebensphasen hohe Wirksamkeit attestieren.[2]

Der „Anwalt des leidenden Menschen"

Aber ich will Ihre einleitenden Worte lieber mit einer kleinen Anekdote ergänzen. Ich habe schon als Student das große Glück gehabt, im privaten Nachlass von Frankl mitarbeiten zu dürfen. Da sich dieser in der Privatwohnung des Ehepaars Frankl befindet, kam es durch meine regelmäßigen Besuche zu einem zunehmend vertrauten, bald freundschaftlichen Kontakt zur Familie Frankl, vor allen Dingen zu Eleonore Frankl, seiner Witwe. Nun muss man wissen, dass Eleonore Frankl ihren Mann so gut wie bei jeder Vortragsreise begleitet, die umfangreiche Korrespondenz mitgeführt und überhaupt an der Entwicklung und auch der internationalen Ausbreitung der Logotherapie unmittelbar teilgenommen hat. Sie hat dadurch viel gesehen und auch wahrgenommen, wie unterschiedlich die Logotherapie rund um den Erdball rezipiert wurde. Eleonore Frankl erlebte das vor allem so: Sie meinte, dass ihrer Erfahrung nach Länder, deren jüngere Geschichte von Krisen, Armut, Krieg oder Naturkatastrophen geprägt waren, ein ungleich tieferes Verständnis der Logotherapie entwickelt hätten als jene Länder, die sich vor allem mit den Problemen des Wohlstands konfrontiert sahen. Ich habe bei solchen Gesprächen manchmal eingeworfen, dass auch Wohlstandsneurosen, Zynismus, Gleichgültigkeit, Langweile, Nörgelei, Abgeklärtheit und eine Art Gefangenschaft im Konsumzwang Gesichter einer tiefen inneren Verzweiflung sein können. Eleonore Frankl hat darauf – sinngemäß – geantwortet, dass das zwar so sein mag; ich möge mir aber auszumalen versuchen, was geschähe, wenn zu einer solchen Gemengelage und inneren Verfasstheit dann noch weitere und größere Krisen wie Armut, Krieg oder Naturkatastrophen hinzukämen.

Genau da sind wir heute. Ich habe es schon angedeutet: Es ist viel geschehen in den letzten drei Jahren und im Gefolge dieser Entwicklungen werden auch weitere Bruchstellen der Gegenwart sichtbar. Wie unterschiedlich etwa global oder auch innerhalb der reicheren Länder Ressourcen wie beispielsweise Bildung, Lebensraum, Zugang zu einer adäquaten medizinischen Versorgung und Information verteilt sind. Kurz: Der leidende Mensch – der Mensch in Not – ist in den 2020er-Jahren mit einem Mal sehr viel sichtbarer geworden und damit auch die Schattenseiten unserer Sorglosigkeit.

Und damit wird auch ein Teilbereich des Werks von Viktor E. Frankl auf neue Weise sichtbar und bedeutsam, der gelegentlich im zeitgenössischen Diskurs zur Logotherapie etwas unterzugehen oder zumindest unterbelichtet zu werden drohte. Frankl wurde z. B. gelegentlich attestiert, ein ausgesprochen „positives“ Welt- und Menschenbild zu vertreten, aber es wurde dabei oft nicht ausreichend berücksichtigt, wie häufig Frankl vom Leid gesprochen hat, von der „tragischen Trias“ aus Leid, Schuld und Tod, von der Notwendigkeit der Leidensfähigkeit oder von der Sinnfrage und -findung trotz und gar noch im Leid. Frankl wurde in noch älterer wissenschaftlicher Literatur manchmal sogar als „Anwalt des leidenden Menschen“ bezeichnet – und das bildet sich auch in seinen biographischen und werkgeschichtlichen Umständen ab: Große Teile der

Logotherapie sind ja in aus heutiger Sicht unvorstellbar schweren Zeiten entstanden, also zur Zeit der großen Arbeitslosigkeit und bitteren Armut im Wien der Zwischenkriegsjahre, in Zeiten eines wachsenden Antisemitismus, der Unsicherheit und nicht zuletzt des aufkommenden Nationalsozialismus in Österreich – um von dem Leid, das dann folgen sollte, gar nicht zu reden.

Vielleicht erklärt das auch Eleonore Frankls Aussage, ein wirklich tiefes Verstehen des Werks Viktor E. Frankls setze voraus – oder wäre zumindest leichter –, wenn man um die eigene Verwundbarkeit und um die Wirklichkeit des Leidens aus eigener Anschauung, aus eigener Erfahrung wisse. Dieses Werk ist ja vor eben einem solchen Hintergrund verfasst worden. Und so kann man an dieser Stelle auch überlegen, ob das nicht bedeutet, dass sich Aspekte dieses Werks nach längeren Phasen einer Art kollektiver (relativer) Sorglosigkeit neu erschließen, weil uns die Gegenwart selbst in den reichen Industrienationen wieder mit größeren Problemen konfrontiert, die nicht nur individuelles, sondern auch „kollektives", also weiter gefasstes Leid unmittelbar vor, manchmal auch hinter die eigene Haustüre bringen.

Nun haben Sie im Laufe Ihrer langjährigen Praxis als Psychotherapeutin einige tausend Patienten und Patientinnen betreut und sind dadurch fortwährend mit menschlichem Leid konfrontiert worden – vermutlich sowohl mit „hausgemachtem" als auch schicksalhaftem Leid. Und Sie sind selbst Teil einer Generation, die die Entbehrungen der Nachkriegszeit an eigenem Leib erlebt hat. Daher interessiert es mich sehr, wie Sie diese Zusammenhänge sehen und einschätzen.

Lukas: Frankl war klug genug zu sagen: „Menschliches Sein ist zutiefst und zuletzt Passion." Ich bin nicht überzeugt, dass die vergangene Wohlstandsepoche mit ihrem reduzierten „Passionspotential" unserer Gesellschaft zuträglicher war als die gegenwärtige Krisenepoche.

Privilegien sind eine Verpflichtung

Dabei sind wir in unseren Landen immer noch Privilegierte, obwohl sich die Zeichen mehren, dass diese Ära ihrem Ende naht. Privilegien sind jedoch eine *Verpflichtung*, und zwar die Verpflichtung, diese Privilegien mit weniger privilegierten Menschen zu teilen. Frankl hat dies in einem Aufsatz mit der Kurzformel „Wir geben Brot – sie geben uns Sinn" auf den Punkt gebracht. Gemeint hat er darin, dass es die Pflicht der reichen Länder sei, den armen Ländern beizuspringen und deren Lebensgrundlage aufzustocken. Und betont hat er darin, dass dann keineswegs bloß die armen Länder die Beschenkten seien, sondern dass ebenso die Privilegierten von der Ausübung ihrer Verpflichtung profitieren würden, was heißen will, dass die reichen Länder im Akt des Helfens ganz genauso Beschenkte sind. Er sah glasklar, wie „wunschlos unglücklich" viele Personen in den reichen Ländern waren.

Was soll man sich auch wünschen, wenn alles vorhanden ist, was man braucht, und noch mehr als man braucht? Wofür soll man sich einsetzen, wofür engagieren, welchen Ansporn gibt es, welche Würze und Spannung hat das Leben, wenn die meisten Wünsche sowieso befriedigt sind? Übersättigung geht mit Lustlosigkeit einher, im physischen wie im psychischen Sinne. Nach einem opulenten Mahl mit einem Sechs-Gänge-Menü hat niemand Lust zu speisen. Und steht das Sechs-Gänge-Menü täglich auf dem Programm, vergeht einem auch noch die Erwartungsfreude darauf. Die Freude ist *ein Kind der Entbehrung* und nicht der Fülle. Ein Festessen nach einer Fastenzeit kann sie hervorlocken, nicht aber der tägliche Mampf von vollgeladenen Tellern. Im psychischen Bereich ist es analog, und im geistigen (dem urtümlich menschlichen) Bereich wird die Sache existentiell, wie Frankl nicht müde wurde zu erläutern.

Batthyány: Vielleicht darf ich hier kurz einhaken, weil das so gut hierher passt. Vor einigen Jahren erregte eine groß angelegte Studie Aufsehen in der Fachwelt: Die Psychologen Shigehiro Oishi und Ed Diener von der Universität Virginia hatten mit Hilfe von Daten des Gallup-Instituts die Lebenszufriedenheit und Sinnerfüllung in 132 Ländern untersucht, eigentlich ursprünglich davon ausgehend, dass ein hoher ökonomischer Lebensstandard mit hoher Lebenszufriedenheit und diese wiederum mit hoher Sinnerfüllung korreliert sein sollte. Tatsächlich aber zeigte die Auswertung der Daten genau das Gegenteil: Es wurde eine recht hohe *negative* Korrelation zwischen Wohlstand und Sinnerfüllung gefunden (r=-0,49)[3]. Die Autoren scheinen selbst überrascht gewesen zu sein von diesem Effekt – und von seiner Stärke. In ihrer Diskussion dieser Befunde – auf der Suche nach einer Erklärung – gehen die Autoren auch darauf ein, dass es schließlich Viktor Frankl war, der nicht zuletzt vor dem Hintergrund seiner eigenen Lebenserfahrungen darauf aufmerksam gemacht hat, dass die Zusammenhänge zwischen Sorglosigkeit, Lebenssinn und Lebensglück nicht einfach linear zu denken sind. Das Leben hat immer auch Aufforderungscharakter, weshalb eine allzu sehr auf materielle Annehmlichkeiten ausgerichtete Lebenshaltung dem Menschen also nicht notwendig jene Erfüllung schenkt, die er sich davon erwartet. Das bestätigt Ihre Beobachtungen also auch auf globaler Ebene.

Lukas: Wenn sich keine sinnvollen Aufgaben und Projekte im Spannungsbogen zwischen Sein und Sollen abzeichnen und der dem Menschen gemäße „Wille zum Sinn“ frustriert wird, wankt des Menschen Stabilität, egal wie viel Luxus um ihn herum vorhanden ist. Weshalb die Hilfe für darbende Personen dem Gebenden unter Umständen mehr zurückgibt, als er spendet. Er gewährt Brot – er gewinnt Sinn ... Kein schlechter Tausch, wie Frankl es ausgedrückt hat. Je mehr jemand wünscht und dazu beiträgt, dass es einem anderen besser gehen möge, desto glücklicher wird er selbst, und sein „wunschlos Unglücklichsein“ ist dahin.

Wahrscheinlich werden Sie einwenden, dass nun aber, da die Wohlstandsübersättigung weltweit massiv schrumpft, viele unserer Zeitgenossen in den Modus des „wunschvoll Unglücklichseins“ übergewechselt sind.

Das stimmt, denn mit den Übergangszeiten hat es eine eigene Bewandtnis. Der Übergang von der Armut in den Reichtum bzw. vom nicht privilegierten Zustand in einen eher privilegierten Zustand vollzieht sich konträr zu dessen Umkehrung. Ich selbst habe diesen Übergang von der kargen Nachkriegszeit in das heraufdämmernde Wirtschaftswunder miterlebt. Die Freude – eben ein Kind der Entbehrung – war groß. Das erste Fahrrad, die ersten eigenen Bücher, die erste Füllfeder und ein Paar neue Sandalen ließen uns Jugendliche im Paradies schwelgen. Leider sammelte sich allmählich zunehmend mehr Besitztum an, man gewöhnte sich daran, und die Freude verdünnte sich. Aber der Übergang war von Jubel geprägt.

Ganz anders sieht ein Übergang vom wohlsituierten Leben zum notgedrungenen Verzicht aus. Man hat sich, wie gesagt, an das wohlsituierte Leben gewöhnt, sogar dann, wenn es von einer partiellen

Sinnleere begleitet gewesen ist, und klammert sich daran fest. Wird es einem plötzlich entrissen, ist lautes Protestgeheul angesagt. Da man häufig erst im Nachhinein begreift, was einem an Köstlichkeiten gewährt war, ist die Erkenntnis, sie künftig missen zu müssen, deprimierend und verleitet zu Niedergeschlagenheit und Verzweiflung. Hier ist also das „wunschvoll Unglücklichsein" von heute, zumindest in jenen Weltteilen, die lange Zeit privilegiert gewesen sind und es de facto noch sind. Dennoch sind die Aussichten gut, dass sich der „Wille zum Sinn" bei vielen Bewohnerinnen und Bewohnern erholen wird. Immer noch sind sie zum „Brot-gegen-Sinn-Tausch" eingeladen, aber zusätzliche Sinnaspekte zeichnen sich mit atemberaubender Präzision am Horizont ab. Was kann getan werden zur Befriedung waffenintensiver Konflikte? Was kann getan werden zur Abbremsung von Dürre, Waldvernichtung oder Ozeanvermüllung? Was kann getan werden, um gefährliche Krankheitserreger zu entschärfen? An sinnvollen Aufgaben fehlt es wahrhaftig nicht, sie sind insbesondere uns überflussverwöhnten und sinnfrustrierten Reichen geradezu in den Schoß gefallen, und da liegen sie jetzt. Nach Abklingen des Protestgeheuls und nach Überwindung der Niedergeschlagenheit und der Verzweiflung des Übergangs werden wir so weit an die neue Situation angepasst sein, dass sich wieder schöpferische Impulse in unseren Herzen und Köpfen melden werden. Für geistbegabte Wesen wie uns sind unangenehme Herausforderungen nahrhafter als angenehmer Stillstand. Mit der nachträglichen Einwilligung in die uns derzeit abverlangten Verzichte wird in die psychische Aufgewühltheit der Gegenwart genügend Ruhe einkehren, um sich den Problemen der Zeit tapfer zu stellen.

Ich weiß, ich pauschaliere ein bisschen, was man nicht tun sollte. Meine günstige Prognose wird für etliche nicht zutreffen. Viel Schmerz wird sich ringsum ausbreiten, notwendiger- und unnötigerweise. Dennoch vertraue ich darauf, dass es angesichts der ernsten Lage der Weltbevölkerung zu einem Wachstumsimpuls der Menschheit kommen wird. Sie *muss* wachsen, ethisch, sozial, kulturell … wachsen, um nicht verfrüht unterzugehen.

Freilich ist „untergehen" ein radikales Wort. Der Untergang der Menschheit ist schon seit Noahs Zeiten das Thema vorwitziger Panikmache, obwohl sich die Menschheit exponentiell vermehrt hat. Trotzdem hat sich seit Noahs Zeiten etwas gravierend verändert. Bis zum Ende des 19. Jahrhunderts waren auch die herbsten Katastrophen zumindest lokal begrenzt. Im 20. Jahrhundert sprengten die beiden Weltkriege bereits den lokalen Radius und rissen ganze Erdteile in ihren Schlund. Im 21. Jahrhundert kommt es nunmehr zu einer „Globalisierung der Katastrophen", die, wenn sie mit voller Wucht eintreten, keinen Winkel der Erde mehr auslassen. Ein junges Mädchen, das meine Urenkelin sein könnte, fragte mich kürzlich bei einem TV-Interview besorgt: „Worauf soll unsere Generation noch hoffen? Die atomare Bedrohung durch Krieg oder Unfall rückt immer näher, und für das Klima ist es laut Wissenschaft schon fünf nach zwölf!"

Worauf können wir hoffen?

Also, mein lieber Gesprächspartner, worauf können wir hoffen? Sprechen wir es aus: Wir sind vergängliche Geschöpfe, und selbstverständlich wird auch die Menschheit eines Tages, spätestens mit dem Verglühen unserer Sonne, aussterben. Pure Fortsetzung bzw. Fortpflanzung ist offensichtlich kein Hoffnungsträger. Wie sieht es hingegen mit der qualitativen Entwicklung unserer Spezies aus? Richtet sich nicht auch im Individualleben die Hoffnung darauf, dass ein Mensch das Beste aus sich herausholt und das Sinnvollste aus seinem – beschränkten – Leben macht? Seien es 30 Jahre oder 3 Jahre oder 3 Tage, die jemand noch vor sich hat … Solange er bei klarem Bewusstsein ist, kann er an seinem „Lebensgebäude" bauen, kann er ein liebes Wort spenden, ein wichtiges Vorbild hinterlassen, einen Konflikt zum Guten wenden, was es auch sei. Diese Hoffnung besteht zu Recht, und warum sollte sie nicht analog für unsere Spezies gelten? Auch wenn sie eines Tages im planetarischen Wechselspiel von Entstehen und Vergehen verlöschen wird (oder sich verfrüht selbst auslöscht), stellt sie im riesigen Weltraum etwas Einmaliges und Einzigartiges dar und sollte sich dieser ihrer Sonderstellung würdig erweisen. So ist denn zu hoffen, dass auch die Menschheit durch viele Krisen geläutert noch in sinnvoller Weise in der ihr verbleibenden Lebensspanne expandieren wird, seien es Jahrmillionen oder seien es Jahrzehnte. Dass sie sich dazu durchringen wird, die aggressiven zerstörerischen Triebe in sich zu bändigen, an Empathie, Toleranz und Nächstenliebe zuzulegen, mit der Natur Frieden zu schließen und die Stimme ihres Gewissens zu stärken. Wäre das nicht unserer Hoffnung wert, und könnte diese Hoffnung nicht gerade durch die prekären Umstände der Gegenwart angefeuert werden? Was meinen Sie?

Von der Hoffnung

Batthyány: Ich will das von Ihnen genannte Stichwort „Hoffnung" aufgreifen, denn es scheint mir in diesem Zusammenhang besonders wichtig – und zwar aus mehreren Gründen. Zum einen stimme ich Ihnen unumwunden zu, dass wir gerade jetzt ganz besonders auf unsere Hoffnung angewiesen sind. Zum anderen ist Hoffnung ohnehin ein Phänomen, das wir uns genauer ansehen wollen – auch, weil ein besseres Verstehen der Hoffnung ihr auch eine solidere Grundlage gibt.

Es gibt da nämlich einen Befund, der noch viel zu wenig von der Psychologie oder auch der Philosophie betrachtet wurde, obwohl er etwas spezifisch Menschliches beschreibt und uns eigentlich schon allein deswegen aufhorchen lassen und interessieren müsste. Dieser Befund betrifft die außergewöhnliche Beziehung zwischen dem Menschen und der Hoffnung. Und wirklich: Von allen uns bekannten Lebewesen sind wir Menschen, soweit wir das wissen, die einzigen, die Hoffnung kennen; die Hoffnung haben und pflegen und schätzen. Wir bringen sie gleichsam in die Welt.

Zwar können sich auch Tiere über und vielleicht sogar auf angenehme Ereignisse freuen. Zumindest von den Säugetieren wissen wir zudem, dass sie auch in der Lage sind, so etwas wie Vorfreude zu erleben. Aber die Hoffnung, von der hier in menschlichen Zusammenhängen die Rede ist, hat dennoch eine ganz andere Qualität: Es ist die Hoffnung, dabei mitwirken zu können, eine bedürftige, verwundete Welt zu heilen; oder die Hoffnung, dass wir, andere Menschen und die Natur vor vermeidbarem oder behebbarem Leid beschützt oder davon geheilt werden können. Hoffnung kann auch eine Ausdrucksform der Trotzmacht des Geistes sein – ein Aufbegehren, das nicht nur passiv auf einen guten Ausgang oder eine andere Entwicklung wartet, sondern auch mit der Wahrnehmung des Aufrufs einhergeht, den eigenen Beitrag dazu zu leisten, dass das Leidvolle nicht das letzte Wort hat. Die Hoffnung leitet uns damit auch in gewisser Weise. Wir wollen nicht aufgeben; wir wollen etwas hinzufügen. Entweder, indem wir tätig etwas beitragen, oder aber, wo das nicht möglich ist, indem wir zumindest nicht bereit sind, die Situation oder die Person ganz aufzugeben. Hoffnung bleibt.

Wenn wir uns das genauer ansehen, dann zeigt sich, dass sich da noch weitere Zusammenhänge auftun. Wir sind, man kann es kaum anders sagen, *die Träger der Hoffnung*; sie ist uns überantwortet. Wie gesagt, hat keine andere Spezies, soweit wir das aus der Tierpsychologie wissen, Hoffnung. Das bedeutet aber auch: Wir müssen sie behüten und pflegen. Denn würden wir sie aufgeben, verschwände sie vollständig und spurlos von der Erdoberfläche, sie würde ins Nichts fallen. Alles, was von ihr bliebe, wäre eine große klaffende Leerstelle – und mehr als das: Es bliebe eine Wunde mitten im Herzen der Welt. Das allerdings kann weder uns noch der Welt guttun.

Ist Hoffnung „naives Weltverbessertum"?

Nun haben Sie eben sehr überzeugend dafür plädiert, dieser Hoffnung „trotz allem" Raum zu geben; in gewisser Weise ist es ja Auftrag der „Menschen, die guten Willens sind" (Frankl), diese Hoffnung auf und für uns und andere zu nähren, zu fördern und in uns und anderen wachsen zu lassen. Nur ist das zugleich allerdings nichts Selbstverständliches mehr, vor allem im öffentlichen Diskurs nicht. Denn es gibt starke Gegenstimmen, und darauf muss man eingehen, weil es auch darum geht, die Hoffnung vor dem Nihilismus zu schützen. Der Zeitgeist geht ja durchaus nicht immer so wohlwollend und behutsam mit ihr um. Dazu ein Beispiel, das im Übrigen insbesondere die Logotherapie betrifft: Der Publizist, Autor und ehemalige Linken-Abgeordnete Till Bastian ist vor einiger Zeit mit einem meiner Textbeiträge zu Logotherapie und Hoffnung in einer äußerst polemischen Entgegnung in der Zeitschrift *Psychologie heute* hart ins Gericht gegangen. So warf Bastian mir (und wohl der Logotherapie insgesamt) unter anderem vor, für ein zwar „gut gemeintes", aber angesichts all des Übels, der Ungerechtigkeit der Gegenwart und der Zivilisationsbrüche des vergangenen Jahrhunderts letztlich doch hoffnungsloses „naives Weltverbessertum" einzutreten.[4]

Zwar ließ Bastian die Frage, welche positiv-realistische Alternative zum „Weltverbessertum" ihm denn konkret vorschwebe, in seinem Beitrag unbeantwortet; aber an seinem Einwand kann man dennoch nicht einfach vorübergehen. Er wirft ja trotz aller Polemik tatsächlich berechtigte Fragen auf. Und vermutlich werden die meisten, die sich offen den Problemen der Zeit zuwenden, mit ähnlichen Argumenten konfrontiert werden: Erstens – wie soll Hoffnung überhaupt möglich sein angesichts all des Leides und all der Hoffnungslosigkeit, sogar mitten im Wohlstand? Und zweitens: Selbst wenn man die Hoffnung aufbringt und ihr Taten folgen lässt, sich also aktiv für eine größere Sache engagiert – welche Rolle mag der eigene winzige Beitrag schon spielen? Wie viel oder wie wenig kann denn eine Einzelne, ein Einzelner schon bewirken und ändern? Lohnt sich der Aufwand daher überhaupt? Erweist er sich nicht angesichts der Fülle an Leid als grundlegend bedeutungs- und daher sinnlos?

Das sind auf den ersten Blick entmutigende Fragen, und allein schon deshalb verdienen sie es, ernst genommen zu werden. Man würde es sich etwa entschieden zu leicht machen, würde man sie einfach beiseiteschieben, ignorieren oder gar unterdrücken. Denn diese und ähnliche Zweifel beschleichen vermutlich gelegentlich auch den größten Idealisten.

Aber man kann ihnen doch etwas Entscheidendes entgegenhalten: *Gerade* der Versuch nämlich, der Hoffnung auf eine bessere Welt als „Gegenargument“ entgegenzustellen, dass die Wirklichkeit unserer Lebenswelt eben nicht gut, sondern vielmehr manchmal abgründig schlecht und daher hoffnungslos verloren sei – sie ist wirklich zutiefst heils- und heilungsbedürftig –, will bei näherer Beschau nicht recht halten. Wann und wo sonst soll denn unsere Hoffnung gefragt sein, wenn nicht gerade dann und dort, wo etwas im Argen liegt? Sagt uns denn nicht gerade der Schmerz, dass Heilung nötig ist; dass wir als Heilende benötigt sind?

Der realistische Blick

Es hat schon der französische Philosoph Gabriel Marcel in seinen Studien zur Hoffnung darauf hingewiesen, dass Hoffnung eben gerade nicht bloß blinder Optimismus oder ideologische Verblendung sei, sondern vielmehr die Erkenntnis eines Zustands der „Gefangenschaft“ voraussetze – und mit ihr „die Erwartung, etwas Humaneres als das zu erreichen, was derzeit ist“.[5] Mit anderen Worten: Idealismus und Hoffnung setzen einen realistischen Blick auf die Welt und den Menschen voraus, der Welt und Mensch genau so sieht, wie sie sind. Und ein solcher realistischer Blick auf die Welt und uns selbst sagt uns wirklich, wie Sie feststellen: Hier ist kaum etwas heil, hier herrscht größte Bedürftigkeit. Aber, sagt die Hoffnung: Gerade deshalb und gerade daran will ich nicht vorübergehen.

Man müsste einen hoffenden Menschen daher im Grunde auch gar nicht weiter darüber in Kenntnis setzen, dass tagtäglich unfassbar Leidvolles geschieht, vielerorts tiefste Ungerechtigkeit und Unbarmherzigkeit herrschen und dass selbst da, wo Menschen keine materiellen Nöte erfahren, sie in der modernen Wohlstands- und Konsumgesellschaft an der eingangs erwähnten inneren seelischen, geistigen und geistlichen Armut leiden. Das weiß er. Genau *deswegen* setzt er dieser Verwahrlosung erst seine Hoffnung entgegen. Wäre die Lage anders, bräuchte er schließlich keine Hoffnung mehr – ihm bliebe nur noch die Dankbarkeit, von der wir allerdings ebenfalls eingestehen müssen, dass sie uns gerade im Alltagsleben allzu leicht verloren gehen kann.

Dagegen setzt Hoffnung immer auch das Wissen um einen Zustand voraus, den Marcel mit dem Begriff der „Gefangenschaft" beschreibt. Sie sieht alles, was der Nihilismus und der Zynismus auch sehen. Nur sieht sie auch etwas mehr: Sie unterscheidet sich vom Nihilismus und Zynismus letztendlich dadurch, dass sie nicht bereit ist, dieser Gefangenschaft zuzugestehen, das letzte Wort über die Wirklichkeit und das Schicksal der Welt zu sprechen.

Mit anderen Worten: Eines der stärksten Argumente gegen Hoffnungslosigkeit, Zynismus und Nihilismus ist die Welt und sind wir selbst, gerade in ihrer und unserer Unvollkommenheit. Denn diese Unvollkommenheit sagt uns: Die Welt und unsere Mitmenschen sind auf uns, auf unsere Hoffnung und unseren Idealismus und auf unseren Einsatz angewiesen. Und wie wir sahen, ist es nur der

Mensch, der diesen Idealismus und diese Hoffnung in die Welt trägt. Nur der Mensch kann angesichts eines Negativzustands nicht nur ins Klagen verfallen, sondern darin auch einen Auftrag erblicken, Not zu wenden, Trost zu spenden und generell Auswege zu suchen. Gäbe er das auf, wären Hoffnung und Idealismus unwiederbringlich verloren – mit vorhersehbaren Folgen für den einzelnen Menschen und die Gemeinschaft. Frankl fasste das in dem oft zitierten Spruch zusammen, dem unsere Gespräche ihren Titel verdanken: „Die Welt ist nicht heil. Aber sie ist heilbar." Allerdings ist sie es nur und in dem Maße, in dem wir uns darum bemühen; und woher die Kraft zu dieser Bemühung aufbringen, wenn nicht aus der Hoffnung? Und wie erlangen wir sie zurück, gerade in krisenhafter Zeit?

Der Glaube an das Gute

Die Ethnologin Margaret Mead hat in diesem Zusammenhang einmal sehr treffend festgestellt, dass wir auf dem Weg durch das vergangene Jahrhundert Zug um Zug den Glauben an das Gute verloren, dafür aber den Glauben an das Schlechte behalten haben – als wäre das Schlechte wahrer und glaubwürdiger als das Gute; als bliebe den Betrachtern der Welt nichts anderes übrig, als resigniert ihre Mängel zu beklagen; und schließlich: Als wären wir nicht auch Mitgestalter dieser Welt. Als könnten wir also das Gute, das wir vermissen, nicht auch selbst in die Welt zu setzen versuchen, auch wenn es immer Stückwerk bleiben wird. Ohne dieses Stückwerk wäre die Welt ja um eben diesen auch noch so kleinen Beitrag ärmer. Es braucht also vor allem einmal Ermutigung. Es braucht eine neue Aufbruchstimmung und vielleicht kann gerade die Krise der Gegenwart dazu beitragen, dieser Aufbruchstimmung Raum zu geben.

Hier ist auch die Psychologie gefragt, vor allem die Populärpsychologie: Denn auch sie kann uns – wie der Zynismus und der Nihilismus – gelegentlich von der Hoffnung und der damit einhergehenden Ansprechbarkeit entfremden und ablenken, indem sie den Blick immer wieder auf das Individuum richtet. Etwa indem sie dem Menschen unterstellt, es ginge ihm zuvorderst nur um die Frage, wie der Einzelne glücklich werden, sich entfalten oder entspannen kann usw. Als ginge ihn also die Welt jenseits seines kleinen Ich-Bezirks kaum etwas an: „Hauptsache, ich bin zufrieden."

Das kann sehr bald sehr einseitig werden; irgendwie scheint damit unausgesprochen die Idee im Raum zu stehen, es ginge dem Menschen immer nur um sich selbst. Dass also Krisenbewältigung nicht etwa darin bestünde, zu versuchen, die Ursachen und Gründe des eigenen Unbehagens aus der Welt zu schaffen, sondern nur die Gefühle, die daraus erwachsen.

Mir ist einmal auf eindrückliche Weise vor Augen geführt worden, wie so etwas aussehen kann, als ich in München-Schwabing in einem Psychologie-Antiquariat eine alte Lebenshilfezeitschrift gefunden habe, deren Leitartikel von der Frage handelte: „In ruhelosen Zeiten Ruhe bewahren – wie ist das möglich?" Inhaltlich und vom Aufbau her entsprach das Magazin über weite Strecken seinen heutigen Nachfolgern. Der entscheidende Unterschied aber war das Erscheinungsjahr: 1940, der Erscheinungsort: Berlin. Der Hauptartikel beschrieb verschiedene Atem- und Yogaübungen, die dem Leser und der Leserin helfen sollten, in politisch und gesellschaftlich höchst unruhigen Zeiten „Ruhe zu bewahren".

Nun muss man sich fragen: Unter einem rein egozentrischen Gesichtspunkt mag es fatalerweise sogar angehen, Ruhe zu suchen und zu bewahren, während im Berlin der 1940er-Jahre Zehntausende jüdische, politisch, religiös oder anderweitig verfolgte Nachbarn zuerst ihre Rechte, dann ihre Arbeit und bald auch ihr Leben verloren. Aber: In *diesen* ruhelosen Zeiten Ruhe suchen, wer konnte das ernsthaft wollen? Berlin 1940 war schließlich gewiss nicht der Ort, für sich Ruhe zu suchen in ruheloser Zeit, während ringsumher die Zivilisation erodierte – es wäre eigentlich der Ort der Revolte des Gewissens gewesen, der Verpflichtung zu größtmöglicher Unruhe. Die Aufgabe der Stunde wäre gewesen, Stärke und Initiative zu suchen in einer Zeit, in der man trotz allem kein Held sein musste, um nicht in irgendeiner Weise jene zu unterstützen, die vor der eigenen Haustür entrechtet wurden. Kurz: Es geht nie nur um unseren „Innenzustand", sondern auch um die Frage, was sich „da draußen" in der Welt, jenseits des Tellerrands des Ichs abspielt. Viktor Frankl formuliert diesen Zusammenhang wie folgt:

> „Der Mensch, der sich von einem Unglück abzulenken oder sich zu betäuben versucht, löst kein Problem, schafft kein Unglück aus der Welt; was er aus der Welt schafft, ist vielmehr die bloße Folge des Unglücks: der bloße Gefühlszustand der Unlust. […] Er versucht, der Wirklichkeit zu entfliehen. Er flüchtet in den Rausch. Damit begeht er einen subjektivistischen, ja geradezu psychologistischen Fehler: den Fehler, so zu handeln, als ob mit dem emotionalen Akt, den man durch die Betäubung zum Schweigen bringt, auch der Gegenstand der Emotion aus der Welt geschafft würde; als ob das, was man in die Ungewissheit bannt, damit auch schon in die Unwirklichkeit gebannt würde. Aber der Akt des Hinsehens erzeugt nicht den Gegenstand, der Akt des Wegsehens vernichtet ihn nicht – und so annulliert auch die Unterdrückung einer Regung der Trauer nicht den Sachverhalt, der betrauert wird."[6]

Dabei wissen wir aus der Forschung, dass diese Wirklichkeitsflucht in die reine Innerlichkeit gar nicht der eigentlichen Struktur des Menschen entspricht – der Mensch ist ganz grundsätzlich und von Geburt an auf andere ausgerichtet; er ist ein Beziehungswesen. Zweitens wissen wir aber auch, dass allein schon diese Unterstellung des Egoismus den Menschen entmutigt – gerade da nämlich, wo nichts dringender wäre als Ermutigung.

Der Blick über den Tellerrand des eigenen Ichs

Nicht zuletzt vor diesem Hintergrund hat Viktor E. Frankl immer wieder die menschliche Begabung zur Selbsttranszendenz betont, also die Fähigkeit – und bis zu einem gewissen Grad sogar Notwendigkeit –, über den Tellerrand des eigenen Ichs hinaus in eine Welt zu blicken, die eben auf unsere Hoffnung, unseren Einsatz und generell unsere Ansprechbarkeit angewiesen ist. Und nicht nur zu blicken, sondern sich auch tätig einzubringen – und zwar auch dann, wenn weder ein Gesetz noch die Tradition noch Triebe einem sagen, dass und wie man handeln soll. Gerade dort nämlich, wo weder biologische noch soziale oder politische Vorgaben uns zum Handeln drängen, entfaltet sich unsere Freiheit und Verantwortung. Und Hoffnung ist ja wesentlich ein Zug der Freiheit: Man sieht den Dingen nicht nur bei ihrer Entwicklung zu – das wäre ein hoffnungsloser Determinismus –, sondern denkt an andere mögliche Ausgänge; und daran, wie man an diesen anderen Verläufen und Alternativen mitwirken könnte oder sollte.

Um das wieder auf unseren Alltag herunterzubrechen: Ihr Plädoyer für die „schöpferischen Impulse in unseren Herzen und Köpfen" verweist auf etwas genuin Geistiges, Personhaftes: auf Kreativität im Umgang mit neuen Problemen, gepaart mit Hoffnung und gutem Willen. Nur: Wie ermutigt man den Menschen, wie ermutigen wir uns?

Lukas: Welch prächtige Argumente für die Hoffnung! Wie klar wird in Ihren Ausführungen auch der Unterschied zwischen Erwartung und Hoffnung! Denn jede Erwartung ist ein trügerischer Boden, der jederzeit in Richtung Enttäuschung einbrechen kann. Hoffnung hingegen umrundet konkrete Ergebnisse von Wunschvorstellungen und tastet sich auf leisen Sohlen zu einem alles umfassenden Sinn vor, der größer ist als unser Begreifen und dennoch einen soliden Boden bildet, der unsere gesamte Existenz zu tragen vermag. Während auch Tiere Erwartungen zu hegen vermögen, etwa die Erwartung von Futter bei bestimmten Konstellationen, ist die Hoffnung wahrlich ein urmenschliches Phänomen.

Dass sie das Spüren der eigenen „Gefangenschaft“ voraussetzt, war mir nicht so deutlich bewusst. Diesbezüglich wage ich es jetzt, ein bisschen den Advocatus Diaboli zu spielen. Es gibt nämlich eine Art von „psychologischer Gefangenschaft“, die all die hoffnungsvollen Pläne von uns immer wieder durchkreuzt.

Sehen Sie, sämtliche politischen und wirtschaftlichen Führungskräfte werden heute mit einer Masse an Forderungen überschwemmt. Insbesondere die Jugend steht für die Rückeroberung einer (er)lebbaren Zukunft auf, und dies nicht nur freitags. Weltweit werden Entscheidungsträger angeprangert, den falsch getroffenen Entscheidungen der letzten Dekaden weitere falsche Entscheidungen anzufügen. Wobei man einräumen muss, dass die Entscheidungsträger der Gegenwart nicht zu beneiden sind. Wahlfreiheit ist zwar herrlich, aber nur so lange, als es nicht eine Wahl zwischen lauter unerfreulichen Möglichkeiten ist. In dem Moment, da sich eine Wahl samt und sonders auf Misslichkeiten beschränkt, wird sie buchstäblich zur Qual der Wahl. Ein aktuelles Beispiel: Man erwägt derzeit, wieder Kohlekraftwerke zu reaktivieren oder Atommeiler länger laufen zu lassen. Das ist nichts, was sich jemand heutzutage wünscht, aber Stromknappheit und Heizungsmangel im Winter befindet sich ebenfalls auf keiner Wunschliste. Ein ähnliches Beispiel ist die kontinuierliche Verbauung von Böden. Einerseits braucht man naturbelassene Areale und andererseits will man die Wohnungsnot beheben. Kurzum, wenn man unter bloß schlechten Alternativen eine auswählt – und *nicht* zu wählen ist auch eine schlechte bzw. überhaupt keine reelle Alternative! –, dann kommt nachher immer jemand und moniert, dass man etwas Schlechtes gewählt hat.

Dabei ist das noch das kleinere Problem. Das größere Problem ist die Sache mit dem „Bessermachen". Kritisieren ist nämlich leicht, aber besser machen ist verflixt schwer. In einem Buch über junge Schriftsteller des vorigen Jahrhunderts habe ich folgende Passage von Hermann Kesten aus dem Jahr 1928 gefunden:

> „Die Zeiten der Menschheit wechseln wie die Gezeiten des Meeres. Es gibt heute [1928] in Europa, in Amerika, auf der ganzen Welt, und hier für uns in Deutschland eine Reihe junger Schriftsteller, die alle erst seit zwei oder drei Jahren … heraufkamen, junge Leute, die noch den Schauder eines sogenannten Weltkrieges in den Sinnen, im Herzen, im Kopf tragen … es sind äußerst lebendige junge Leute, die unzufrieden sind mit dem gewöhnlichen Lauf der Welt, ja, zum Teil sogar glauben, ihn bessern zu können. Junge Menschen sind darunter, die böse sind darüber, dass die Welt so böse ist, die es den anderen Menschen besser machen wollen, oder sich selbst wenigstens, und wissen, dass es anderen besser gehen muss, damit es auch ihnen besser gehen kann."[7]

Der Schluss des Textes ist klug: „dass es anderen besser gehen muss, damit es einem selbst besser gehen kann" – darüber ließe sich meditieren. Aber ich möchte auf etwas anderes hinweisen. Diese jungen Leute, die 1928 gegen das Böse in der Welt gewettert haben und es besser machen wollten als ihre vorhergehende Generation, waren 11 Jahre später nicht mehr ganz so jung und sind in den Zweiten Weltkrieg hineingeschlittert!

Immer wieder tappen erwachsen gewordene Kinder in dieselben Fallen, in die ihre Vorfahren gestolpert sind, was diese Kinder ihnen zuvor heftig angekreidet haben. Bei Leo Tolstoi las ich über die Zeit, in der es noch fürstliche Herren und Leibeigene in Russland gegeben hat. Er berichtete, dass jene Leibeigenen, die von ihren Herren massiv unterdrückt worden waren, selber zu den schlimmsten Unterdrückern wurden, sobald sie ihrerseits Befehlsgewalt über die geknechteten Bauern erlangten. Hätten nicht gerade *sie* wissen müssen, wie sich Unterdrückung anfühlt? Wären nicht gerade *sie* auf Grund dieses Wissens prädestiniert gewesen, erfahrenes Unrecht nicht zu perpetuieren? Wieso ist Bessermachen so verflixt schwer?

Die Sogkraft von Vorbildern

Das kommt daher, weil Vorbilder von starker Wirkung sind. Wie froh darf derjenige sein, der gute Vorbilder erleben durfte; sie werden ihn noch lange schützend begleiten. Bedauerlicherweise haben auch üble Vorbilder ihre Sogkraft, und so sehr man sie auch verabscheuen mag, muss man sich doch vehement gegen ihre Sogkraft stemmen. Dazu kommt, dass man ihre positive Alternative, auch wenn es sie gibt, nicht kennt. Bei schlechten Vorbildern muss „das Bessere" zum Bessermachen erst erfunden werden, und das ist mühsam. Nicht, dass es nicht gelingen könnte. Der menschliche Geist ist mit enormen Innovationskompetenzen ausgestattet. Aber mühsam und fantasieaufwändig bleibt es trotzdem. Deshalb sind edle Vorbilder von immensem Wert, was die Medien, die sich vorrangig auf Verrücktheiten und Dramen stürzen, wesentlich mehr beachten sollten. Wenn sie zum Beispiel in den Unterhaltungsfilmen zu achtzig Prozent desolate Familienverhältnisse präsentieren, darf man sich nicht wundern, wenn die echten Familienverhältnisse allmählich nachziehen, was natürlich niemand will.

Von der Möglichkeit, sich gegenseitig zu stützen

Lukas: Es gibt also tatsächlich eine Art „Gefangenschaft im Kopf", aus der man sich nur herausstrampeln kann, wenn man den destruktiven Modellen, die dort ihr Unwesen treiben, trotzt und sich konstruktive Modelle ausdenkt, die dort fehlen.

Batthyány: Aber woher die Kraft dazu nehmen? Und wie ermutigt man Menschen dazu?

Lukas: Sie selbst haben die Antwort bereits vorweggenommen: In schwierigen Phasen kann es Wunder wirken, über den „Tellerrand" hinauszuschauen. Ich habe es in der Praxis hunderte Male erlebt, dass sich die Mobilisierung der Fähigkeit zur Selbsttranszendenz im Krisenzustand als Notausgang entpuppt, der bei aller Tristesse den Lebens- und Restaurierungsmut wieder anfacht.

Die Gefahr schwieriger Phasen ist ja, dass man auf sich selbst fixiert ist, sich im Kreise um sein Elend und seine Ärgernisse dreht und vom Selbstmitleid wie in einem Strudel immer tiefer in depressive Stimmungen hineingezogen wird. Wer jedoch *mehr* sieht als sein eigenes Ungemach, gewinnt sofort an Weitblick. Und im Weitblick taucht allerlei auf, manchmal sogar eine Lösungschance für ein Problem oder eine Kehrtwende aus einer gedanklichen Sackgasse. Vor allem aber tauchen andere Menschen auf und siehe da, auch sie haben ihre Sorgen. Das ist schon einmal tröstlich – man steht nicht mutterseelenallein da mit seinem Schmerz. Man fühlt sich sozusagen einer Solidargemeinschaft leidender Menschen verbunden. Das hilft, sich zu öffnen, von seinem Kummer zu erzählen, statt ihn hinunterzuschlucken; und die Erfahrung lehrt, dass nicht nur „geteiltes" Leid, sondern auch „mitgeteiltes" Leid schon halbes Leid ist (Frankl).

Je weiter der Blick über sich selbst hinaus reicht, desto transparenter wird zudem, was andere benötigen, sowie das Ausmaß, in dem man ihnen trotz der eigenen Schwierigkeiten beistehen könnte. Das lenkt den Fokus auf verbliebene Kräfte, die sinnvoll nutzbar sind. Dabei ist *ein* Motiv interessant, das ich hervorheben möchte, weil es wenig geläufig ist, nämlich den zart aufkeimenden Wunsch, es jenen anderen, die ebenfalls unter ihren Belastungen stöhnen, *nicht noch schwerer zu machen*, als es bereits für sie ist. Bei genauer Betrachtung ist das ein außerordentlich nobles und Kraft spendendes Motiv, sich selbst aufzurappeln und nicht im steten Lamento zu verharren. Wären Familienmitglieder zumindest geringfügig bereit, einander das Leben nicht noch schwerer zu machen, als es sowieso ist, erbrächte dies eine beachtliche Erleichterung für alle.

Solidargemeinschaften

Als leuchtendes Beispiel – und im Kontrast zu den von Tolstoi erwähnten Leibeigenen – seien die „Young Carer" erwähnt, eine Selbsthilfeorganisation der Spitzenklasse. Es handelt sich um Jugendliche und teilweise sogar noch um Kinder, deren Eltern nicht fähig sind, ein förderliches Zuhause zu schaffen. Ein Elternteil oder beide sind suchtkrank, psychotisch oder schwer behindert oder drohen aus anderen Gründen zu verwahrlosen. Töchter oder Söhne von ihnen springen im frühesten Alter ein, pflegen ihre Eltern, bemühen sich um Geschwister und Haushalt, kaufen ein, kochen, waschen, putzen … alles neben der Schule, während sich ihre Gleichaltrigen unbeschwert vergnügen. Es sind junge Menschen, die erhebliche Schwierigkeiten haben (von akzeptablen Vorbildern ganz abgesehen), aber trotzdem über ihren „Tellerrand" hinausschauen und sich solcherart aufschwingen, Leistungen an der Grenze des Menschenmöglichen zu erbringen. Sie schließen sich zu einer stützenden Gruppe zusammen, sie wachsen vielfach zu kooperativen, reifen Persönlichkeiten heran, und die allermeisten von ihnen entrinnen später einem posttraumatischen Stress, wie Untersuchungen beweisen. Angesichts mancher Auswüchse im Jugendsektor der vergangenen Wohlstandsjahre wie Daueradoleszenz, „Hotel Mama" etc. sollten wir ihrer und ähnlich gepeinigter Personen voller Hochachtung gedenken. Personen wie sie sind es und nicht psychologische Tricks und Methoden, die uns zur Hoffnung ermutigen.

Batthyány: Ich finde es sehr schön, dass Sie auf die „Solidargemeinschaft der Leidenden" und auf „stützende Gruppen" hinweisen und auf diese guten Vorbilder, die auch nach außen hin sichtbar machen, wie man würdevoll und menschlich und vor allem auch gemeinschaftlich mit Kummer oder schwierigen Lebensumständen umgehen kann.

Ich habe in den letzten Jahren viele solcher Initiativen besucht. Weniger aus akademischem als vielmehr aus persönlichem Interesse. Denn hier lernt man Menschen kennen, die vorleben, dass eine andere Welt möglich ist – dass jeder und jede sich und anderen Nischen schaffen kann, in denen der oder die Einzelne sich entfalten kann, in denen die Fähigkeiten und Schwächen des Einzelnen in der Gemeinschaft geborgen sind: „Meine Schwächen geben deinen Stärken Raum, mir beiseitezustehen; deine Schwächen geben meinen Stärken den zusätzlichen Sinn, sie nicht nur für mich, sondern auch für dich einbringen zu können." Alles ist ineinandergefügt. Man ist füreinander da. Man tröstet sich gegenseitig an schwierigen Tagen und erfreut sich gemeinsam an Erfolgen – oder auch einfach aneinander oder an einem friedlichen Sommernachmittag, an dem nicht mehr geschieht – und doch so viel –, als dass ein weiterer Tag in den Abend übergeht.

Vor allem aber bleibt man Individuum in der Gemeinschaft. Ich bin in diesem Zusammenhang dem Wiener Psychotherapeuten und langjährigen Privatassistenten Viktor Frankls, Harald Mori, sehr dankbar für den Hinweis, dass sinnvolles gemeinschaftliches Zusammenwirken überhaupt wesentlich dadurch gekennzeichnet ist, dass die einzelnen Glieder dieser Gemeinschaft ihre Individualität – und damit auch ihre persönlichen Sinnmöglichkeiten – nicht nur behalten, sondern in der Gruppe bisweilen sogar verstärkt zur Geltung bringen können. Mori schreibt:

> „Autonomie, das Gehen des eigenen Weges, ist die Grundlage dafür, auch mit anderen Menschen eine sinnvolle Verbindung eingehen zu können. Eine gelingende, kreative Gemeinschaft braucht individuelle Personen, die in ihrem Leben Sinn finden, dann tragen sie auch zum Gelingen der Gemeinschaft bei. Darüber hinaus kann die Gruppe, die Familie […] den Mitgliedern, den einzelnen Personen auch Sinn ermöglichen. Gemeinsame Projekte zu verwirklichen und Ziele zu erreichen, fördert die Sinnempfindung für mehrere Menschen."[8]

Solche Initiativen sind auf ihre Weise Modellbilder des Menschlichen. Sie zeigen, wie man die Welt anders gestalten kann. Auch Ihr Beispiel der „Young Carer" zeigt: Es gibt in den kleinen Nischen des Alltags bereits andere Lebenswelten. Es gibt sie sogar mitten unter uns. Dass wir sie selten sehen oder als solche wahrnehmen, ist eine andere Sache. Vielleicht gehen wir sogar öfter daran vorbei und nehmen sie kaum wahr. Was man von ihnen sieht, verdankt sich oft bloß einem Zufallsfund.

Da erblickt man, wenn man eines Abends in der Stadt spazieren geht, noch etwas Licht in der kleinen Buchhandlung am Eck. Man schaut, neugierig geworden, durch das Schaufenster hinein und sieht, dass da eine Gruppe von Menschen allen Alters und ihrer Kleidung und ihrem Aussehen nach zu schließen auch aus den unterschiedlichsten Lebenszusammenhängen stammend beisammensitzt und angeregt miteinander spricht. Was man anfangs noch nicht weiß – bis man den kleinen Zettel an der Tür der Buchhandlung entdeckt: Hier sind Menschen, die aufgrund einer Krebsdiagnose jäh aus ihrem bisherigen Leben gerissen wurden und nun einander zu helfen versuchen, mit den Beschwernissen der Erkrankung und ihrer Therapie umzugehen, den Alltag zu meistern und vielleicht den einen oder anderen gemeinsamen Museums- oder Kinobesuch zu organisieren. Menschen, die einander verstehen und Geborgenheit schenken, weil sie ein ähnliches Schicksal teilen und in manchen Lebensbereichen und Lebenssituationen auch die größte Einfühlungsgabe der Familienmitglieder und Freunde die Hürde nicht überwinden kann, die die Erkrankung errichtet.

Oder es fällt einem am Wochenmarkt ein Stand auf, der besonders liebevoll dekoriert ist und neben dem üblichen Gemüse- und Obstangebot auch über einen kleinen Büchertisch verfügt. Hier liegen Schriften auf, die Menschen nach der Verbüßung einer Gefängnisstrafe helfen wollen, wieder zurück in ein wert- und sinnvolles Leben ohne Straffälligkeit zu finden. Im Gespräch mit den Standbetreibern erfährt man, dass eine Gruppe von ehemaligen Strafgefangenen zueinandergefunden und den kleinen Hof der Eltern eines der Mitglieder übernommen hat. Hier leben sie nun schon seit über fünf Jahren in einer Gruppe zusammen und haben den elterlichen Hof renoviert, die Felder und Obstbäume zum Blühen gebracht und vielleicht zum ersten Mal in ihrem Leben erfahren, dass sie mit ihren Händen nicht nur Gewalt, Schmerz und Verbrechen, sondern auch etwas Dauerhaftes und Wertvolles schaffen können. Sie nehmen manchmal auch andere ehemalige Strafgefangene auf und helfen ihnen bei den ersten Schritten zurück in ein normales Leben – und wer will, kann ein bisschen länger bleiben und am Hof weiter mitarbeiten.

Oder man liest eher zufällig in der Tageszeitung von einer „Gesprächsinsel". Der Name und das im Artikel abgebildete Logo kommen einem irgendwie bekannt vor. Man ging tatsächlich immer wieder auf dem Weg zur Universität daran vorbei, ohne sich allerdings je gefragt zu haben, was sich hinter diesem schönen Namen eigentlich verbirgt: Ein Ort der Zuflucht und des Schutzes mitten in der Stadt? Nun erfährt man, dass hier eine Insel der Zuwendung existiert – ein weiteres Zeugnis der Menschlichkeit, die wir gerade in der Anonymität der Großstädte so oft vermissen mögen. In der Gesprächsinsel schenken ehrenamtliche Lebens- und Sozialberaterinnen regelmäßig jedem, der hier spontan anklopft, ein offenes Ohr. Sie schenken Zuwendung und Aufmerksamkeit:

> „Wir bieten hier einen offenen Raum für alle, die ein Gespräch suchen. Sei es, dass sie einfach nur über ganz alltägliche Dinge plaudern wollen, sei es, dass sie gerade ein Problem haben, mit

> dem sie nicht fertig werden, oder dass sie ein Thema haben, das sie nicht unbedingt mit Freunden besprechen möchten. Oder dass sie in einer Krise oder in einer Konfliktsituation stecken, die sie nicht bewältigen können. Die Bandbreite der Gesprächsinhalte reicht dabei von Prüfungsterminen bis hin zur Lebensorientierung wie auch zur Bewältigung von Übergangsphasen im Leben, von Erziehungsproblemen bis hin zur Arbeitslosigkeit, Krankheit und Einsamkeit."[9]

Andere Initiativen sind größer und trotzdem noch, gemessen an dem, was sie leisten, relativ unbekannt – wie etwa die Initiative Cenacolo, ein von der katholischen Ordensschwester Mutter Elvira gegründetes Netzwerk von Dorf- und Hofgemeinschaften junger Leute, die die Übersicht und Orientierung in ihrem Leben verloren und sich an der einen oder anderen Weggabelung ihres Lebens verirrt haben und dadurch in physisch, seelisch oder existentiell prekäre Situationen geraten sind.[10] Menschen, die nicht selten von ihren Familien verstoßen und von ihren Freunden aufgegeben wurden und deren Schicksal wohl besiegelt gewesen wäre, hätte nicht doch noch jemand an ihre unverbrüchliche Würde geglaubt und ihnen Heimat und – wichtiger noch – bedingungslose Annahme geschenkt und ihnen sinnvolle Aufgaben zugetraut.

Ich habe diesen Sommer zwei dieser „Dörfer" im herzegowinischen Medjugorje und im Burgenland besucht und konnte mit eigenen Augen sehen, wie ein solches gemeinschaftliches Füreinander-Einstehen wirken kann. Tatsächlich ist der Leitsatz dieser Dörfer, dass man füreinander da ist; dass man nicht nur aus den schwierigen Lebenszusammenhängen und -erfahrungen schöpft, die einen in diese Dörfer geführt haben, sondern dadurch neue Quellen erschließt, dass man einander unterstützend beisteht. So sagte mir einer der Bewohner des burgenländischen Projekts in Zemendorf, dass er an diesem Ort erstmals erfahren habe, dass von gegebener Liebe eine größere Heilkraft ausgehe als von empfangener Liebe. Jeder Bewohner dieser Dörfer ist sozusagen der „Schutzengel" eines anderen; es ist keiner nur mit sich selbst und seiner Wiedereingliederung in die Gesellschaft beschäftigt, vielmehr ist ein jeder einem anderen zugewandt. Immer ist das Augenmerk also auch auf einen anderen und auf das Wohl des gemeinschaftlichen Dorfs gerichtet.

Es ist enorm beeindruckend, wenn man sieht, wie junge Menschen, denen man durchaus anmerkt, dass sie eigentlich ein viel raueres Leben auf der Straße oder im Gefängnis gewohnt sind, einander geduldig und einfühlsam unterstützen, den Hof fegen, die Schafe und Kühe füttern, in der Werkstatt anderen helfen, mit den Werkzeugen und Maschinen umzugehen usw. Wie Sie es so schön formulieren: „Man steht nicht mutterseelenallein da mit seinem Schmerz." Die Überwindung der Einsamkeit der Leidenden ist ein hoher Dienst am konkreten Menschen – und auch an unserem Menschenbild: Wir sind Beziehungswesen.

Von der Notwendigkeit, Leidketten zu beenden

Batthyány: Die Herzlichkeit, die unbedingte Akzeptanz und – um ein etwas altmodisches Wort zu verwenden – die Barmherzigkeit, der man in Beistandsgemeinschaften, wie wir sie im vergangenen Kapitel angesprochen haben, begegnet, ist zutiefst beeindruckend. Sie gibt wirklich Hoffnung und sie gibt der Hoffnung zudem auch eine sehr reale Gestalt. Wenn man derartige Projekte besucht und nachher wieder in die „normale Welt" zurückkehrt, dann stimmt es einen mitunter ein bisschen nachdenklich, wie wenig von dieser Barmherzigkeit in unserem Alltag spürbar ist.

Zugleich finde ich es bemerkenswert – und es ist vermutlich kein Zufall –, dass diese Hoffnungsimpulse einer solidarischeren und verständnisvolleren Welt just von jenen ausgehen, die von Leid und Not heimgesucht und dadurch (?) irgendwie „zugänglicher", „menschlicher" geworden sind. Dass also Großzügigkeit ausgerechnet dort wächst, wo Menschen in Not sind; dass Menschlichkeit gerade dort so viel offener zutage tritt. Es scheint mir, als seien es vor allem die Außenseiter, also diejenigen, deren Leben nicht in geraden Bahnen verläuft, oder diejenigen mit besonderen Talenten oder Behinderungen und Bedürfnissen, von denen die Aufforderung ausgeht, aus dem vermeintlich „Normalen" auszusteigen.

Lukas: Was für eine Aufzählung beeindruckender Beispiele von Couragiertheit im Alltag, die zwar nie in Massen hervortritt, aber auch unter keinen noch so massiven Repressalien völlig untergeht. Als kürzlich jemand aus meinem Bekanntenkreis beklagte, dass heutzutage bei jedem Elend bloß zugeschaut bzw. weggeschaut werde, entgegnete ich, was ich im Sommer 2022 aus Berlin erfahren hatte. Dort hat während einiger Juliwochen eine ungewöhnliche Hitze geherrscht. Das war speziell für die Obdachlosen ein bedrängendes Problem, weil es selbst im Schatten unerträglich warm war. Da gingen spontan zahlreiche Menschen zu ihnen hin und brachten ihnen Wasserflaschen und gekühlte Getränke. In den Kirchen, in denen es dank der dicken Gemäuer angenehm kühl war, öffneten einige Priester die Pforten für die Obdachlosen und stellten Liegestühle vor den Altären auf, wo sie sich hinlegen konnten.

Wie sehr hat Frankl doch vor dem kollektivistischen Denken gewarnt, und auch Ihre obige Aufzählung ist ein glatter Widerspruch zu jeglicher Pauschalierung von Gruppen. Immer und überall kommt es auf den Einzelnen an. So wie das Ganze mehr ist als die Summe seiner Teile (ein philosophisches Grundgesetz), so ist auch eine Gesellschaft viel mehr als ein Spiegelbild vorherrschender Attitüden – sie ist genauso Born einzelner Glanzlichter, die aus den statistischen Mehrheiten herausfallen und herausragen.

Was ich extrem spannend finde, sind Ihre Beispiele von ehemals Straffälligen, Drogenabhängigen und Drogendealern, die sich plötzlich in einer entsprechend sozialen Atmosphäre als „Schutzengel" betätigen. Ich kenne ein ähnliches Projekt mit einem analog erstaunlichen Ausgang. In einer norddeutschen Privatklinik wurde in den 1990er-Jahren ein Experiment mit magersüchtigen Mädchen gestartet. Bekanntlich kommt die herkömmliche Psychiatrie bei der Anorexie schnell an ihre Grenzen. Die meisten Mädchen tricksen sämtliche ärztlichen Bemühungen aus, und die künstliche Zwangsernährung kann auch nicht allzu lange durchgeführt werden. Dass fast fünfzehn Prozent der Patientinnen in jungen Jahren sterben, ist außerordentlich traurig. Das Experiment aus Norddeutschland lief nun darauf hinaus, dass eine Gruppe von magersüchtigen Mädchen aufgenommen wurde und jede dieser Patientinnen eine andere Patientin zugeteilt bekam, zu deren „Schutzengel" sie erkoren wurde. Sie sollte dafür sorgen und Mitverantwortung übernehmen, dass ihr Schützling nicht verhungere. Was geschah, verblüffte das gesamte Klinikpersonal. Die Mädchen, die selbst strikt jede Nahrungsaufnahme verweigert hatten, bestürmten die ihnen Anvertrauten intensiv, doch genügend zu essen! Sie fütterten sie, hätschelten sie, behandelten sie zärtlich, animierten sie, sich dem Leben zuzuwenden und bestärkten sie in ihrem Selbstwertgefühl. Nach einem Probejahr konnten alle Patientinnen dieser Station als geheilt entlassen werden.

Wie reagiert, wer Leid erfahren hat?

Allerdings dünkt mich etwas, das Sie vorgebracht haben, interessant, vielleicht sogar ein wenig gewagt. Sie sagten, dass solche „Hoffnungsstrahlen", wie wir sie aufgelistet haben, oft (?) – nicht einmal diese Einschränkung gebrauchten Sie! – just von denjenigen ausgingen, die von Not und Leid heimgesucht sind. Ist das wirklich so? Oder ist das nur unter gewissen Vorzeichen so?

Frankl war ja der Prototyp dafür – aber er war auch in vieler Hinsicht eine Ausnahme. Vielleicht die Ausnahme von der Regel? Denn die psychologisch gängige Regel lautet eher umgekehrt: dass Not und Leid Hoffnungslosigkeit vermehrt, sowohl die eigene als auch die ausgestrahlte.

Ich möchte dieser Widersprüchlichkeit näher nachspüren und zu diesem Zweck auf die Eigenschilderungen unseres Prototyps zurückgreifen. Wie Sie wissen, begann die berühmte Rede, die Frankl am 10. März 1988 (50 Jahre nach Hitlers Einmarsch in Österreich) vor 35 000 Zuhörern auf dem Wiener Rathausplatz gehalten hat, mit den Sätzen:

> „Meine Damen und Herren, ich hoffe auf Ihr Verständnis, wenn ich Sie bitte, zu dieser Stunde des Gedenkens gemeinsam mit mir zu gedenken: meines Vaters – er ist im Lager Theresienstadt zugrunde gegangen; meines Bruders – er ist im Lager Auschwitz umgekommen; meiner Mutter – sie ist in der Gaskammer von Auschwitz ums Leben gekommen; und meiner ersten Frau – sie hat im Lager Bergen-Belsen ihr Leben lassen müssen. Und doch muss ich Sie darum bitten, von mir kein Wort des Hasses zu erwarten."[11]

Psychologen und Psychoanalytiker haben das Phänomen des Hasses gründlich untersucht. Die meisten von ihnen haben die Hypothese aufgestellt, dass Menschen, die sich in eine leidenschaftliche Gehässigkeit hineinsteigern, eine längere Phase lang massiven Kränkungen und Schmähungen ihrer Person ausgesetzt gewesen sind und auf diese fehlende Wertschätzung mit abgründiger Ablehnung ihrer Mitwelt reagieren. „Verwundete sind es, die Wunden schlagen", so der Tenor. Auch mehrere Neurobiologen wie Gerald Hüther unterstützen diese Theorie und behaupten, das „Böse" sei der ständige Mitfahrer auf dem Karussell der Lieblosigkeit, das sich von Generation zu Generation weiterdreht. Wer böse behandelt worden ist, neige dazu, andere böse zu behandeln.

Nun hat es in der judenfeindlichen Gesellschaft, in der Frankl aufgewachsen ist, an Beschimpfungen und Erniedrigungen seiner Person nicht gemangelt. Und die Folterungen in vier Konzentrationslagern, denen er mit knapper Not entronnen ist, haben ihn körperlich und seelisch bis an den Rand des Todes gebracht. Dennoch war er nicht im Geringsten geneigt, das Böse zu perpetuieren, und auch entschlossen, jeglichem Hass zu entsagen. Vielleicht weil er als Fachmann wusste, dass der Hass sämtliche Gedanken und Intentionen des Hassenden durchdringt und kaum mehr Raum für anderes lässt. Er nimmt einen gefangen, und vom Gefängnis, sei es ein äußeres oder ein inneres, hatte Frankl genug.

Aber Bescheid wissen allein schützt nicht vor heftigen Emotionen. Ich denke, dass Frankl nicht bloß auf Grund rationaler Überlegungen und seiner prinzipiellen Skepsis gegenüber dem Determinismus auf „Retouraggressionen" verzichtet hat. Er war erfüllt von einer innigen Friedensliebe und überzeugt davon, dass Frieden nur zu schaffen sei, indem „Verwundete eben *nicht* wiederum Wunden schlagen" bzw. indem beherzte Personen das Karussell der Lieblosigkeit zum Stillstand bringen. Sein Text „Ein Psychologe erlebt das KZ" ist ein ehrlicher Bericht über die unvorstellbaren Grausamkeiten im Lager und dennoch ein einziges Plädoyer für die menschliche Freiheit, die auch dort noch blüht, wo rundum Fesseln sind. Anhand dramatischer Beispiele wies Frankl nach, „dass man dem Menschen … alles nehmen kann, nur nicht: die letzte menschliche Freiheit, sich zu den gegebenen Verhältnissen so oder so einzustellen. Und es gab ein ‚So oder so'!", sogar noch unter jenen infernalischen Bedingungen, wie Frankl bestätigt hat. Niemand müsse automatisch zum Objekt und Produkt seiner Bedingungen werden, lautete sein Credo. Demzufolge war er willens, sich seinen Entscheidungsspielraum zu bewahren, was auch geschehen war. Das heißt, Frankl war bereit, auf das negativ Erfahrene mit *positiv Ausgeteiltem* zu antworten. Er zog nach seiner Errettung buchstäblich den Häftlingskittel aus, den Arztkittel wieder an und half seinen Patientinnen und Patienten in der Wiener Poliklinik mit brillanter therapeutischer Kunst – ohne jemals zu fragen, ob sie früher dem antisemitischen Gehetze zugejubelt haben oder nicht.

Die Kette des Bösen sprengen

Wie Sie ferner wissen, hat Frankl in seiner ungebrochenen Kreativität und noch unter dem Eindruck der erlittenen Qualen innerhalb weniger Tage ein Theaterstück geschrieben, das, wenn es aufgeführt wird, das Publikum zu Tränen rührt. In diesem Schauspiel wird die Dialektik von Schicksal und Freiheit so deutlich durchkomponiert wie kaum woanders. Erneut klingt Frankls Friedensliebe durch – mit einer derart überwältigenden Brisanz, als wäre sie eine hochaktuelle Botschaft für heute. Tatsächlich ist sie das, weist sie doch quasi einen Notausgang aus sämtlichen politischen und kriegerischen Verstrickungen auf, die uns derzeit beuteln und einem nuklearen Zündeln entgegendriften lassen. Dabei ist die Botschaft ergreifend schlicht. Paul und Franz, ein gemartertes Brüderpaar aus dem Theaterstück, diskutieren über ihre Rachegelüste gegenüber ihren Peinigern. Da präsentiert Franz den „Stein der Weisen“:

> „Endlich einmal soll die Kette des Bösen abgerissen werden! Wir wollen nicht wieder und immer wieder Unrecht mit Unrecht vergelten, Hass mit Hass erwidern und Gewalt mit Gewalt! Die Kette, Paul, die … Kette – das ist es! Die muss endlich gesprengt werden …“[12]

Überlegen wir: Wie gelangt man zu einer solchen Weisheit, und zwar mit allen praktischen Konsequenzen und nicht nur als abgehobene Idee? Mir ist aufgefallen, dass Frankl in beiden Texten, sowohl im Buch „Ein Psychologe erlebt das KZ“ als auch im Theaterstück „Synchronisation in Birkenwald“ zwei parallele Erzählebenen eingezogen hat. Damit wollte er wohl demonstrieren, dass wir Menschen fähig sind, ein wenig von uns selbst und dem, was uns unmittelbar betrifft, abzurücken, geistig auf Distanz zu gehen, und aus dieser distanzierten Position heraus auf uns selbst zurückzublicken. Die Blickverschiebung bzw. Blickerweiterung ermöglicht es uns, größere Sinnzusammenhänge zu erfassen, von radikalen Gefühlen und Gedanken nicht total beherrscht zu werden und eine gewisse Lenkungsmacht über uns zu erringen. Man könnte diesen Prozess mit einer Bildbetrachtung in einem Museum vergleichen. Steht der Betrachter direkt vor einem Gemälde, nimmt er bunte Farbkleckse oder diverse Konturlinien wahr, aber das Bild als Ganzes bleibt ihm verborgen. Tritt er hingegen etliche Schritte zurück, um das Gemälde aus der gewonnenen Entfernung auf sich wirken zu lassen, offenbart sich ihm ein Gesamteindruck mit Aussagekraft. So ähnlich hat Frankl im Buch „Ein Psychologe erlebt das KZ“ sein eigenes Martyrium sowohl als hautnahes Zeugnis eines Überlebenden als auch als wissenschaftliche Interpretation eines Psychiaters und Philosophen aus klärender Distanz dargestellt. Selbstdistanzierung fördert also Weisheitserkennung.

Sein und Gottvertrauen

In seinem Theaterstück tritt die Parallelität der beiden Erzählebenen noch imposanter zutage. Ausgewählte Personen aus dem Totenreich beobachten die schrecklichen Vorgänge des Zweiten Weltkrieges auf

Erden und kommentieren sie. Sie transportieren Einsichten, zu denen sich die Lebenden erst mühsam vortasten müssen. Es ist nicht von der Hand zu weisen, dass wir allesamt anders und besser handeln würden, könnten wir uns dazu überwinden, die Dinge aus der Perspektive unserer Vergänglichkeit und der Verewigung unserer Taten in der (nicht mehr zu ändernden und daher ewig wahr bleibenden) Vergangenheit anzusehen – wofür die Toten stehen. Wo alles Haben hinfällig geworden ist und nur noch das Sein Relevanz hat (wobei das Gewesen-Sein sogar die sicherste Form von Sein ist!), ja, wo „jede Tat ihr eigenes Denkmal ist", das wir ins Sein meißeln, wie Frankl betont hat, dort zählt einzig das während des Lebens Ausgeteilte und Bewirkte, während das einst Erfahrene und Empfangene zur Nichtigkeit schrumpft. Eine Akzentuierung des Seins gegenüber dem Haben fördert also Weisheitserkennung.

Eine weitere bemerkenswerte Übereinstimmung der beiden Texte von Frankl sei erwähnt. Sie sind Reportagen über Größe und Elend, Leid und Heldentum des Menschen, aber sie blenden die Gnade – der Weisheit letzten Schluss – nicht aus. Das Buch endet mit dem Wort: „... Gott". Das Theaterstück endet mit dem Wort: „... Herr!" Die Texte nehmen die Leserschaft mit auf einen Weg von den tiefsten Gräueln verirrter Gemüter hinein in das höchste Vertrauen, das jeglichem Irrsinn zu trotzen vermag.

Zusammenfassend möchte ich mithin vermuten: Zur Selbsttranszendenz müssen sich auch noch die Bereitschaft zur Selbstdistanzierung, eine Schwerpunktlegung im Sein und ein Minimum an Gottvertrauen dazugesellen, damit jemand, der Not und Leid in hohem Maße kennen gelernt hat, hinreichend weise wird, um „Hoffnungsstrahlen" auszusenden. Oder verstehe ich das falsch?

Wie brandaktuell meine Frage ist, ob und unter welchen Voraussetzungen es überhaupt gelingen kann, die Kette von Leid, Hass und

Gewalt zu sprengen, beweist die ausgewählte Thematik der Goldegger Dialoge aus dem Jahr 2022. Joachim Bauer, einer der renommiertesten Hirnforscher der Gegenwart, sprach dort – ein Dreivierteljahrhundert nach der Entstehung von Frankls Erstlingswerken – von derselben „Kette“:

> „Die Weltgeschichte der Menschheit ist gekennzeichnet durch eine Aneinanderreihung von Traumata, Naturkatastrophen, Ressourcenknappheit, Hungersnöten, Seuchen, Kriegen. Den Naturgewalten kann der Mensch seine Arbeit und seine technischen Potenziale entgegensetzen. Kriege sind aber keine Naturgewalten, für ihre Abschaffung gibt es keine technischen, sondern nur menschliche Lösungen.
> Kriege lassen sich nur dadurch verhindern, dass wir die endlosen Ketten von Gewalt und Hass unterbrechen. Die meisten Täter waren früher selbst einmal Opfer, das gilt auch für Nationen. Wir müssen diesen Zusammenhang verstehen, uns miteinander verständigen und lernen, dass erlittenes Leid nicht dazu berechtigt, anderen selbst Leid zuzufügen.“[13]

Da ist es wiederum, das Theorem von „den Verwundeten, die Wunden schlagen“. Bauer vertraut diesbezüglich auf die Elemente Kommunikation und Lerngewinn. Kommunikation ist zweifellos immer gut, siehe Paul und Franz – aber auch diese beiden konnten nicht mit ihren Peinigern kommunizieren. Und der Lerngewinn … wie ich schon angedeutet habe, lernt man am besten aus eigenen Fehlern (sofern man sie sich eingesteht und sie bereut), jedoch minimal aus fremden Fehlern, wie unsere lange „Unkulturgeschichte“ zeigt. Deshalb nochmals meine Frage: Worauf können wir angesichts der endlosen Leidketten im wüsten Gemisch von Opfertätern und Täteropfern vertrauen? Was stimuliert das Aussenden von „Hoffnungsstrahlen“?

Aus Leid menschlicher hervorgehen

Batthyány: Ich möchte zu Ihrer Frage: „Was stimuliert das Aussenden von ‚Hoffnungsstrahlen‘?“ gerne eine Gegenfrage stellen – die auch Bezug nimmt auf Ihre kritische Rückfrage, ob meine These, dass vor allem von den Leidgeplagten und Außenseitern oftmals besondere Hoffnungsimpulse ausgehen, nicht etwas gewagt sei. Die Gegenfrage lautet: Wäre es möglich, dass eine Antwort auf die Frage nach weiteren Hoffnungsimpulsen gar nicht nur, wie man vielleicht intuitiv annehmen könnte, in unseren Stärken zu finden ist, sondern auch in unserer Schwäche bzw. noch allgemeiner im Anerkennen unser aller Vulnerabilität?

Was meine ich damit? Soweit ich das bei verschiedenen Selbsthilfe- oder Gemeinschaftsprojekten beobachten konnte, sagen die Beteiligten nicht selten, dass sie ohne ihre eigene, persönliche Leid- oder Ausgrenzungserfahrung gar nicht erst auf die Idee gekommen wären, ihren jeweils kleinen Beitrag zu einer „besseren“ Welt überhaupt in Erwägung zu ziehen. Nun aber, da sie mit einem unabänderlichen Leid oder einem gewissen gesellschaftlichen Ausschluss konfrontiert sind oder wurden, haben sie erkannt, wie viel Not und Unverständnis *auch andere* leiden – und um wie viel besser und menschlicher sich Leid bewältigen lässt, wenn man damit nicht allein ist. Wenn andere da sind, die einen stützen, die für einen da sind, die sagen oder durch ihr Handeln ausdrücken: „Du bist nicht gänzlich verlassen.“ Die Leidtragenden sind also trotz, mit, vielleicht auch an ihrem Leid in gewisser Weise gewachsen und wurden aus dieser neugewonnenen Haltung heraus aktiv.

Während ich das sage, bin ich mir natürlich dessen bewusst, wie hoch das Risiko ist, hier missverstanden zu werden – etwa im Sinne einer Verherrlichung oder einer Missdeutung jedweden Leides als Wachstumschance. Um diesem Missverständnis gleich vorzubeugen: Natürlich geht von verhinderbarem oder linderbarem Leid zunächst einmal der klare Auftrag aus, alles Menschenmögliche zu tun, es entweder zu verhindern oder zu lindern bzw. zu heilen. Aber selbst dann bleibt noch unendlich viel Leid auf der Welt übrig – nicht nur Leid, das wir als Menschen einander antun, sondern auch solches, das in Folge von Naturgewalten auf uns niedergeht, seien es nun Unfälle, Naturkatastrophen oder Krankheiten. Natürlich muss man sich davor hüten, Leid dahingehend zu mystifizieren, dass damit immer oder auch nur oft eine Wachstumschance verbunden sei. Das halte ich für eine kaum haltbare Aussage. Es soll also im Folgenden nicht darum gehen, Menschen, die mit schicksalhaftem Leid konfrontiert sind, zusätzlich mit dem Erwartungsdruck zu überfordern, sie müssten nun nicht nur leiden, sondern auch noch innerlich wachsen.

Aber auch Frankl sagte gelegentlich, Leid mache „den Leidenden hellsichtig und die Welt durchsichtig"; und der estnische Philosoph Valentin Tomberg hat den Satz formuliert: „Glück macht den Menschen stark für die Arbeit auf Erden; der Schmerz aber eröffnet ihm Einblicke in den Himmel"[14] – mit anderen Worten sagen beide, es könne von (unabänderlichem) Leid ein Erkenntnisimpuls ausgehen, von dem wir nicht sicher sagen können, ob er auf anderem Wege auch so deutlich empfangen würde.

Ich habe über diese Sätze Frankls und Tombergs oft und lange nachgedacht – ich habe sie offen gestanden auch lange Zeit schlichtweg nicht verstanden. Doch dann begann ich, wie erwähnt, mir Initiativen anzusehen, deren Mitarbeiterinnen und Mitarbeiter meistens ehrenamtlich daran mitzuwirken versuchen, dass etwas besser werde, sei es allgemein im sozialen Bereich, sei es mit Blick auf die ökologische Katastrophe oder mit Blick auf die besonderen Bedürfnisse bestimmter Bevölkerungsgruppen, etwa Behinderter, Alter, Kranker oder sonst irgendwie aus dem sozialen Netz Gefallener.

Wie bereits erwähnt hatten alle – und zwar wirklich ausnahmslos alle – in ihrem Leben eine Leid- oder Grenzerfahrung (Karl Jaspers) gemacht, „dank" derer sie sich erst neu besonnen und auf den Weg gemacht haben. Und sie waren einhellig der Meinung, dass sie ohne diese persönliche Leid- oder Grenzerfahrung sehr wahrscheinlich nicht derart selbstinitiativ tätig geworden wären. In diesem Sinne meinte ich auch, dass die Hoffnungsimpulse eben doch stark überzufällig von Menschen auszugehen scheinen, die in der einen oder anderen Weise Leid und Not an eigenem Leib oder in ihrem unmittelbaren Umfeld erfahren haben.

Um nun zur Frage zurückzukommen, ob das Ein- und Zugestehen der eigenen Vulnerabilität bzw. der Vulnerabilität anderer nicht womöglich eine fehlende Zutat auf unserer Suche nach weiteren Faktoren lebens- und sinnstiftenden Engagements sei: Wenn Leid den Leidenden hellsichtig und die Welt durchsichtig machen kann, wenn also für den Leidenden im Leid etwas erkennbar zutage tritt, das uns sonst eher verschlossen bleibt, liegt es dann nicht nahe, dass schon das Anerkennen der eigenen Leidens*fähigkeit* ähnliche Erkenntnisprozesse anstößt?

Leben mit Blick auf das Sterben

Ganz Ähnliches hören wir ja auch aus den Hospizen – und es schließt auch an das an, was Sie vorhin sagten: Dass wir mit dem Bewussthalten unserer Sterblichkeit eher in der Lage sind, mehr auf das Wesentliche – das Sein – zu blicken und dem weniger Wesentlichen – dem Haben – seinen richtigen Platz in unserem Wertgefüge zuzuweisen: Es ist wichtig, aber nicht entscheidend. Sie haben einmal während des Logotherapie-Unterrichts den schönen Satz ausgesprochen, wonach eine gute Vorbereitung auf das Sterben nicht etwas sei, dem wir uns erst gegen Lebensende zuwenden sollten; vielmehr beginne die gute Vorbereitung auf den eigenen Tod jetzt, also mitten im Leben. Darin ist auch die Anregung an die Lebenden enthalten, die Einsichten Sterbender darüber, worauf es wirklich ankommt, vorwegzunehmen – also nicht erst am Sterbebett damit zu beginnen.

Wenn das aber in Bezug auf die Sterblichkeit möglich ist – sollte es dann nicht naheliegen, dass es auch mit Blick auf die Erkenntnisse und Einsichten möglich ist, die mit dem Leiden einhergehen? Mit anderen Worten: Warum darauf warten, bis uns selbst ein schweres Schicksal ereilt, ehe man sich auf das besinnt, was diejenigen, die es bereits erfahren haben, uns zu sagen haben? Und das bedeutet eben, die eigene Vulnerabilität nicht gänzlich zu verdrängen, sondern auch mit dem Wissen zu leben, dass eben viel weniger „selbstverständlich" ist, als wir manchmal anzunehmen geneigt sind.

Daher würde ich gern vorschlagen, dass das Eingestehen der eigenen Vulnerabilität nicht nur auf dem Boden innerer Schwäche, sondern auch auf dem Boden innerer Stärke wachsen kann – man kann ebenso sagen: auf dem Boden der Fähigkeit, dem Verdrängen von Leid, Not und Sterblichkeit eine gewisse Portion Realismus und einen Sinn füreinander und für gegenseitige Unterstützung und Hilfe entgegenzustellen. Vielleicht ist das eine weitere Zutat, die sich zu den von Ihnen genannten Faktoren zugesellen könnte? Wenn wir uns und einander zugestehen, dass eben nicht immer „alles gut" ist, wenn wir unsere Sorgen, Leiden, unsere Hilfsbedürftigkeit nicht voreinander verstecken oder verdeckt halten, weil wir aus falschem Leistungsdenken heraus annehmen, wir müssten immer zu hundert Prozent funktionieren, wie andere es von uns erwarten – ja, schaffen wir dann nicht eigentlich erst den Raum, in dem das Menschliche, in dem Hilfsbereitschaft und in dem Gemeinschaft wachsen können?

Lukas: Lieber Freund, erlauben Sie, dass ich eine kurze Zwischenbilanz unseres Brainstormings ziehe. Wir sind davon ausgegangen, dass die Nischen des angenehm-vergnüglichen Lebens rund um den Globus drastisch schrumpfen. Die überbordende Erhitzung der Luft und der Gemüter fegt wie die Gletscher in den Alpen den Luxus hinweg, an den sich manch einer hierzulande in den vergangenen Dekaden gewöhnt hat. Kummer und Sorgen nehmen zu, Frust und Unsicherheit breiten sich aus und wenig Glaubwürdiges ist in Sicht. So sehr das Internet die Menschengemeinschaft vereinen könnte, so sehr schwappt es über vor lauter „fake news", verbrecherischer Tricks, Schweinereien und Hassparolen. Kurzum, der Leidenspegel steigt nicht unähnlich dem Meeresspiegel (durch das Abschmelzen arktischen und antarktischen Eises) weltweit an.

Wir haben beide festgestellt, dass ein solcher Anstieg des Leidenspegels zwei extrem divergierende Folgen in Gang zu setzen pflegt. Sie, Herr Professor Batthyány, haben beharrlich und zu Recht darauf hingewiesen, dass mit Hellsichtigkeit, Erkenntnisgewinn und einem Zuwachs an Mitmenschlichkeit darauf reagiert werden kann. Ich bin damit voll einverstanden, und doch muss ich aus professioneller Redlichkeit heraus das „Aber" in unseren Gedankengang hineinmengen.

Der „ausgleichenden Gerechtigkeit" widerstehen

Es gibt einfach der Leid- und Aggressionsketten zu viele, die wie ein zerstörerischer Automatismus quer durch alle Volksschichten züngeln und schlimmer machen, was schlimm genug ist. Das (scheinbar) Automatische daran ist das eigentlich Tragische. Ich erinnere mich zum Beispiel an ein Patientengespräch mit einem jungen Mann. Er berichtete mir, dass er als Schulbub in seiner Klasse grob gehänselt worden sei. Wenn er nach Schulschluss mit der Bahn heimgefahren sei, habe er seine Wut über das erlebte Mobbing an den älteren Passagieren im Waggon ausgelassen. Er sei stur sitzen geblieben, wenn jemand Gehbehinderter einstieg und keinen Platz mehr fand. Beim Aussteigen habe er sich absichtlich so wild gebärdet, dass er mit seiner Schultasche am Rücken andere Fahrgäste heftig gestoßen habe. Als ich zum Diskurs stellte, dass jene Personen im Zug völlig unschuldig an seinen Schulproblemen gewesen seien, erwiderte er nachdenklich: „Das könnte ich heute so sehen, aber damals empfand ich mein Verhalten als gerecht. Ich war gequält worden, warum sollten andere nicht auch gequält werden? Das war nur ausgleichende Gerechtigkeit!"

Sehr hellsichtig war dieser Knabe also nicht, doch wollen wir es einem unreifen Jugendlichen nicht verargen, in Kategorien der tierischen Hackordnung gedacht zu haben. Ihr zufolge wird man von denjenigen gehackt, gegen die man sich nicht zu wehren vermag, und hackt diejenigen, die sich wiederum gegen einen selbst nicht wehren können. Ein solcher tierischer Automatismus wütet durchaus auch im Menschenkind, und es bedarf eines erheblichen Klimmzuges in geistige Höhen, um ihm die Stirn zu bieten. Deshalb kann es meiner Meinung nach *nicht* eine Form von Schwäche sein, die uns befähigt, Leid- und Aggressionsketten zu durchbrechen. Ich halte es für die absolut „mächtigste Mächtigkeit“ des Menschen, wenn er sich dazu aufrafft, erfahrenen Schmerz nicht (an Unschuldige oder Unbeteiligte) weiterzuleiten, ja nicht einmal (an Schuldige) zurückzuleiten, sondern zu halten und auszuhalten, auf dass sein Schmerz sozusagen „desinfiziert“ werde, das heißt, niemanden mehr infizieren kann und in seiner Wanderung durch die Welt ausgebremst wird. Es ist allerdings, wie ich zugebe, eine Mächtigkeit, die im Zustand der mächtigsten Schwäche aufgebracht werden muss. In einem Interview von Viktor E. Frankl mit Karl-Heinz Fleckenstein[15] stehen die bemerkenswerten Dialogsätze:

> **Frankl:** Wie können Sie in einem Konzentrationslager ein Held sein, wenn Sie in einer Gaskammer ersticken – möchten Sie mir das sagen? … Aber dieses letzte Aufblicken im Sich-Aufgeben, in Ergebenheit – jetzt nicht: *wem* Sie sich ergeben … da sind Sie auf dem absoluten Nullpunkt, am Boden aller Menschlichkeit angelangt. Dort ist der Mensch hundertprozentig Mensch geworden, gerade in seiner Hilflosigkeit und Machtlosigkeit, in seiner Entsagung, in seiner Jämmerlichkeit, in seinem Wurmsein ist er Mensch geworden! Je „wurmer“ er ist, umso menschlicher ist er. Verstehen Sie, was ich meine – ich improvisiere, ich ringe selbst um Ausdruck … Aber ich führe bis an die Grenzen wenigstens heran – ich bemühe mich, ich versuche es.
>
> **Fleckenstein:** Ich glaube, da gibt es keine Grenze mehr; denn dieses Wurmerlebnis hat ja auch der, den Sie vorhin als meinen Gott bezeichneten, in seinem fürchterlichen Schrei am Kreuz erfahren, wo er das Menschsein bis in seine letzten Tiefen ausgekostet hat.
>
> **Frankl:** „Warum hast du mich verlassen“, nicht wahr?

Fleckenstein: Da hat er sein Menschsein realisiert.
Frankl: Man könnte sagen, in diesem Augenblick ist er vollends Mensch geworden, und so sehr Mensch geworden, dass er seine Gottheit bestätigt hat. Also, wo man sagen könnte: so hundertprozentig, so tausendpromillig Mensch, dass es legitim ist, ihn als Gott zu bezeichnen – was immer Sie Gott nennen …

Mich hat dieses Dialogfragment immer sehr berührt, weil Frankl darin postuliert, dass sich der Mensch dank seiner geistigen Komponente vom puren Wurmsein bis zur Gottheit emporstrecken kann, um seine Mitwelt von der elenden Verhaftung in automatisierten Leidketten zu „erlösen".

Wir haben bisher zwei extrem divergierende Auswirkungen eines ansteigenden Leidpegels begutachtet: das Wurmbleiben, wenn man es so ausdrücken will, und die Menschwerdung in ihrer „göttlichsten" Form. Es ist überflüssig, nach Determinanten zu suchen, die die jeweilige Entscheidung des Einzelnen in die eine oder andere Richtung bestimmen würden, denn gäbe es welche, wäre unsere Willens- und Entscheidungsfreiheit hinwegerklärt. Trotzdem kann man nach psychosozialen „Bahnungen", „Verlockungen", „Einladungen" in die eine oder andere Richtung fahnden.

Was können beispielsweise Nicht- oder Wenigleidende tun, um schicksalsgebeutelte Mitgefährten zu einer sinnvollen Entscheidung zu inspirieren? Dazu fällt mir als Erstes ein, dass sie ihnen die Gelegenheit geben können, sich über die erlittenen Verwundungen auszusprechen. Und damit sich selbst die Chance geben können, jene und deren Aufgewühltheit zu verstehen. Das englische Motto „Sharing is caring" ist keineswegs falsch. Mit Verbalisiertem kann man wesentlich besser umgehen als mit Verschwiegenem, was nicht nur das Kernprinzip aller Psychotherapie, sondern auch aller Bildung ist. Freilich besteht dabei das Risiko für endlose Klagegesänge und Litaneien, die man vom Zaun bricht. Dass neurotisch disponierte Personen das Maß verfehlen, indem sie entweder allen Jammer verbissen in sich hineindrücken oder ihn ununterbrochen allen Kontaktleuten in die Ohren blasen, ist bedauerlich, aber eben Symptom eines Krankheitsbildes, das unabhängig vom Erlittenen vorliegt. Es wird bloß transparenter nach leidvollen Triggern, was Frankl mit dem Auftauchen von Meeresriffen bei Ebbe verglichen hat, die natürlich auch ohne Ebbe vorhanden sind. Aber wiederum ist alles relativ: Manch neurotisch Kranker ist im brutalen Ernstfall über sein neurotisches Gezeter hinausgewachsen bzw. hat es gar abgelegt. Menschen sind immer für eine Überraschung gut!

Die Unschuldigen und die Rache

Was kann man noch tun, um bei Betroffenen eine konstruktive Leidbewältigung anzuregen? Ich glaube, dass zwei Argumente sehr griffig sind. Stellt man den Begriff der Unschuld in den Raum, der Unschuld, die es um jeden Preis zu schützen gilt, darf man mit ziemlich viel Konsens rechnen. Davor, Unschuldiges zu malträtieren, schreckt fast jeder mit normaler Bewusstseinslage zurück. Weshalb etwa die Kinderschänder sogar im Gefängnis Ächtung statt Verständnis vorfinden. Je deutlicher man jemandem vor Augen führt, dass es sämtlichen Stützpfeilern menschlicher Existenz widerspricht, Unschuldiges anzutasten, desto mehr Kontrolle gewinnt er über seine tierisch-automatischen Impulse. Typischerweise benötigen auch notorische Kriegstreiber unbedingt ein Feindbild bzw. ein Narrativ von direktem oder indirektem Bedroht- und Angegriffensein, um ihre Kriegstreiberei zu rechtfertigen. Sie können nicht eingestehen, Hand an unschuldige Menschen zu legen, ohne ihr „Gesicht“ (vor sich selbst und dem Rest der Welt) zu verlieren.

Das zweite Argument zielt darauf ab, Rachegelüsten den Stachel zu ziehen. Wie ich einst in der „Washington Post“ gelesen habe, gab es in den USA eine Umfrage unter Angehörigen von Mordopfern, die bei der Hinrichtung der jeweiligen Täter per Video zuschauen durften. Unisono schilderten sie unmittelbar danach die Zufriedenheit, die sie erfüllte. Sechs Monate später wurden sie nochmals befragt, und man staune: Von der genannten Zufriedenheit war keine Spur mehr übrig. Geblieben war die Trauer um ihre Angehörigen, potenziert um eine seltsam diffuse, ins Beschämende schillernde Traurigkeit in Bezug auf den Täter. Sein Tod hatte nichts wieder ins Lot gebracht, rein gar nichts.[16]

Dass Schuldige bestraft werden müssen, ist klar, aber ein Heilmittel für die verletzte Seele ist das nicht. Da ist das geniale Bonmot Frankls, dass „jeder sein eigener Himmel oder seine eigene Hölle ist, je nachdem“, viel illuminierender. Ein Leidverursacher straft sich praktisch selbst, denn er muss mit seiner Schuld leben (und sterben), und keine gütige Hand nimmt sie ihm jemals wieder ab. Sein Vergehen mag ihm auf irdischer oder überirdischer Ebene verziehen werden, dennoch ist es in seine Lebensgeschichte unauslöschlich eingraviert. Die Aufgabe seines Opfers ist es nicht, ihm jenes Vergehen geknickt und humpeln nachzutragen und ihm alle bösen Flüche hinterherzuschicken, sondern sich von seinem Odem und seiner Aura zu befreien, um an der eigenen Lebensgeschichte unbeeinträchtigt und mit Elan weiterarbeiten zu können. Keine Saat der Gewalt ist mit Gewalt auszurotten. Stimmen Sie mit mir überein, dass diese beiden Perspektiven – bedingungsloser Schutz der Unschuldigen und schützender Abstand zu den Schuldigen – den Stillstand von Leidketten fördern können?

Batthyány: Ich stimme Ihnen sehr zu; und ich finde auch Ihren Verweis auf den „tierischen Automatismus“ und die Leistung, diesem etwas Konstruktiveres entgegenzustellen, sehr wichtig. Lassen Sie mich nur ergänzend dazu sagen, dass ich nicht meinte, dass sich unsere Fähigkeit, anderen zu helfen, aus Schwäche oder gar nur aus Leiderfahrungen heraus entwickelt. Das hieße erstens, dem Leid an sich mehr „Gutes“ abgewinnen zu wollen, als ihm zunächst zusteht. Und zweitens hieße es, die von Ihnen genannten Mechanismus zu unterschätzen. Was ich viel eher zum Ausdruck bringen wollte: Nicht die Schwäche selbst, aber das *Bewusstsein* der eigenen Verletzlichkeit kann es uns eher ermöglichen, von einer allzu großen Anspruchshaltung einer sowieso illusorischen Unbesiegbarkeit auf der Überholspur abzurücken und zu sehen, dass Leid nicht nur etwas ist, das einigen „bedauernswerten anderen“ widerfahren kann oder wird, sondern auch uns selbst.

Wir sind ja alle von der tragischen Trias aus Leid, Schuld und Tod betroffen. Und die aus diesem Wissen oder Eingeständnis erwachsende Demut öffnet einem manchmal überhaupt erst die Augen dafür, dass man sich auch jenen aufmerksamer zuwenden kann, die Not leiden. Ich glaube, viele Menschen kennen das: Man ist im Alltag so sehr in seiner eigenen Lebenswelt, dass man unter normalen Umständen kaum einen Gedanken daran verschwendet, dass sich all dies relativ schnell ändern kann, wenn das Schicksal einmal zuschlägt. Und weil wir das gelegentlich auszublenden versuchen, blenden wir eben auch gelegentlich nicht nur das Leid anderer aus, sondern auch die Betroffenen gleich mit. Diese Zusammenhänge berühren somit einen Aspekt des Leidens, den etwa Selbsthilfegruppen, Gesprächsinseln oder die vorhin genannten Initiativen zu beheben versuchen: das Gefühl all jener, die aus dem „Normalen“ herausfallen, alleine zu sein mit ihrem Schicksal. Ich denke, da ergänzen sich unsere Perspektiven eher, als dass sie einander gegenüberstehen, oder wie sehen Sie das?

Mit seinem Schicksal allein

Lukas: Das tun sie. Vielleicht noch ein Wort zu Ihren Ausführungen, wie kalmierend das Gefühl ist, im Leid nicht alleingelassen zu werden. Gefühle jonglieren oft am Rande der Täuschung. In Wahrheit steht jeder mit seinem Schicksal im ganzen Universum allein da. Ein Rollstuhlfahrer hat vielleicht gute Freunde, die sich liebevoll seiner annehmen und ihm mehrfache Dienste leisten. Welch ein Glück für ihn! Dennoch kann niemand ihm die Lähmung seiner Beine abnehmen, schlüpft niemand in seine Haut und schenkt ihm niemand seine Unversehrtheit zurück. Er und kein stellvertretend anderer steht seinem Schicksal gegenüber und muss es akzeptieren, wie es ist. Auch ein Vater, der sein Kind begraben muss, ist in uferloser Einsamkeit seinem Schicksal ausgeliefert, und wenn noch so viele Anteil nehmende Personen ihm aufrichtig kondolieren.

Interessanterweise entspricht das Allein-Dastehen einem geradezu normalen Grundgefühl Pubertierender.

Gleitend merken sie, dass ihre Eltern nicht die Bergungskapazität besitzen, die sie ihnen als Kinder angedichtet haben. Merken, dass sie im Zuge des Erwachsenwerdens ihre eigenen Entscheidungen treffen müssen, egal, was gute oder schlechte Ratgeber rings um sie herum ihnen nahelegen. Merken, dass sie ihren eigenen Kurs einschlagen müssen mit allen Konsequenzen, die daran hängen. Ein Schauer überkommt sie: Allein – plötzlich allein! Oder doch nicht? Da die Pubertät zugleich der Zeitraum ist, in dem das Geistige im Menschen erwacht, schlägt auch dessen Gewissen seine Augen auf und startet (noch stotternd und zögernd, aber zunehmend eindringlich) seine Navigationsfunktion. Also sagen wir so: Freunde, Gefährten und Samariter können uns das Alleinsein im Leid (und in Freud) realiter nicht abnehmen, obwohl ihre Nähe erbaulich ist. Unser Gewissen jedoch lässt uns nie im Stich und nie allein. Es ist der Treuebonus unserer Legitimation als menschliche Wesen.

Batthyány: Ich bin sehr mit der Tatsache einverstanden, dass wir beide einander ergänzende Perspektiven betont haben hinsichtlich der Zusammenhänge von Gemeinschaft und Alleinsein, von Schwäche und Stärke, von Hoffnung und Realismus usw. Daran anknüpfend würde ich gerne noch einmal kurz dem nachgehen, was Sie eben über das Alleinsein sagten. In letzter Konsequenz sind wir tatsächlich allein – und spürbar wird das, wenn wir uns gelegentlich nicht durch Radio, Internet und dergleichen abzulenken versuchen, sondern innehalten. In der Kontemplation sind wir allein mit unserem Gewissen und im erwähnten Leid sind wir allein mit unserem Schicksal, unseren Fragen, Sorgen, Nöten, Hoffnungen und Anliegen.
Zugleich kommt auch immer irgendwann der Augenblick, da wir sozusagen wieder mitten im Alltag, mitten im Leben stehen, gerade in Krisenzeiten uns im Alltag bewähren müssen, unseren Aufgaben nachgehen, unsere Arbeit leisten, Familienbeziehungen und Freundschaften pflegen. Dann sind wir in gewisser Weise „in der Welt", also in Bezügen zu anderen; zwar immer noch Individuen und „mit uns", aber eben auch in Bezug zu anderen Menschen und unserer unmittelbaren Umgebung.

Sinnmöglichkeiten sichtbar machen

Batthyány: Auf die Beziehungen zu anderen Menschen würde ich mit Ihrem Einverständnis nun in unserem nächsten Themenblock zu sprechen kommen, speziell in Bezug auf die Sinnfrage und ihren Bezug zu Gemeinschaft und Umgebung.

Rudolf Allers und Karl König

Frankls einstiger Mentor in Alfred Adlers individualpsychologischem Kreis, der österreichisch-amerikanische Psychiater Rudolf Allers, hat dazu einige spannende Gedanken in seinem Buch „Abnorme Welten“[17] notiert. Es handelt sich um Allers' letztes Buch, verfasst 1963. Es ist aus mehreren Gründen lesenswert – interessant ist es für Logotherapie-Interessierte unter anderem deswegen, weil Allers die Entwicklung Frankls und seines Werks sehr genau und wohlwollend aus dem amerikanischen Exil heraus beobachtet und geschätzt hat. Er schließt in diesem seinem letzten Buch daher sehr eng an Frankl an. Man bemerkt die große Nähe zu ihm und auch einen gewissen Stolz darüber, wie sich sein einstiger „Schüler“ intellektuell und menschlich entwickelt und ein eigenes großes und richtungweisendes Werk in die Welt gestellt hat.

Allers hat aber auch aufgrund seines persönlichen Schicksals, seiner Biographie, in diesem Buch eine ergänzende sozialpsychologische Perspektive zur Logotherapie zu entwerfen versucht. Es ist tatsächlich – das schrieb Allers selbst – nicht mehr als ein Versuch oder ein Hinweis auf die Zusammenhänge zwischen Gemeinschaft und Individuum in existentiellen Belangen. Kurz erklärend zum Biographischen: Allers ist als Nachkomme jüdischer Eltern nach Georgetown (USA) emigriert, ist unter dem Einfluss der engen Freundschaft sowohl zu Edith Stein als auch zu Hans Urs von Balthasar zum katholischen Glauben konvertiert und war damit in der jüdischen „exile community" in den USA immer ein Außenseiter – zugleich im damaligen politischen Klima aber auch immer der jüdische Emigrant; er fiel also durch alle üblichen Raster. Er beklagte das nicht, aber er schrieb in seinen in Briefen festgehaltenen Lebenszeugnissen, dass er an sich selbst feststellte, wie wichtig es sei, dass der Mensch die Erkenntnisse und Einsichten, die er in Kontemplation oder anderen Ruhemomenten gewinnt, auch *in die Welt einbringen* kann. Wie sehr, mit anderen Worten, die Mitwelt zwar nicht unseren Willen zu einer konkreten Sinnmöglichkeit an sich prägt (Sinn ist ja transsubjektiv), es aber andererseits von der Mitwelt und Gemeinschaft mit abhängt, welche konkreten Sinnmöglichkeiten wir vorfinden. Ich halte das für einen sehr bemerkenswerten und wertvollen Gedanken.

Dieser wurde in ganz anderem Zusammenhang von einem weiteren Zeitgenossen Frankls, dem Wiener Kinderarzt und Heilpädagogen Karl König aufgegriffen, der – als Jude und als Anthroposoph floh er ebenfalls vor den Nationalsozialisten – im Norden Schottlands „Camphill" gründete, eine Art Dorf- und Werkgemeinschaft hauptsächlich für jene, die in Deutschland und Österreich von den „Euthanasie"-Maßnahmen der Nationalsozialisten bedroht waren. König war dabei von dem Gedanken getragen, dass kein Leben sinnlos sein könne, dass also wirklich *jeder* Mensch in seinem Rahmen etwas Sinnvolles zur Welt beitragen könne. Er verstand das nicht nur als abstraktes oder theoretisches Bekenntnis zur unbedingten Menschenwürde, sondern auch als konkreten Auftrag an die Mehrheitsgesellschaft, gerade mit Blick auf Behinderte und Hilfsbedürftige. Ihm zufolge ist demnach eine Gesellschaft oder Gemeinschaft, die hinsichtlich der menschlichen Würde Kompromisse und Abstriche zu machen bereit ist, buchstäblich unmenschlich. Sie steuert am Wesen und Wert des Menschen vorbei auf ein Ziel hin, das ganz bestimmt nicht erstrebenswert ist.

Fremdes Leid als Ansporn

Nun bildete diese Argumentation Königs natürlich einen starken Kontrapunkt zu dem Entwertungsdenken der Nationalsozialisten. Aber König ging noch einen Schritt weiter: In gewisser Weise, so meinte er, seien es die vordergründig durch Krankheit und Unfälle eingeschränkten Menschen, die die „normale" Gesellschaft immer wieder aufs Neue auffordern und in die Pflicht nehmen, dem Gedanken der unbedingten Würde und (mindestens potentiellen) Sinnhaftigkeit jedes Menschen gerecht zu werden:

> „Wir erleben in der Behinderung eine Korrektur des modernen Menschenbildes, wenn es Jugendlichkeit, Schönheit, Leistung und Materialismus verherrlicht … denn es ist die menschliche Schwäche, die menschliche Zurückgebliebenheit, die den anderen auffordert, Liebeskräfte in sich zu erwecken, die sonst vielleicht träumen oder schlafen, aber doch nicht wach werden."[18]

Die Beeinträchtigten (zumal noch in der damaligen Zeit!) und Vulnerablen sind es also, die den reibungslosen Ablauf der Dinge aufhalten und uns zu Mitgefühl, Weitherzigkeit und Rücksicht auffordern. König meinte sogar, dass genau dies der Maßstab sei, an dem man eine Gesellschaft messen müsse, der Testfall einer humanen Gemeinschaft. Denn dass eine Gesellschaft wirtschaftlich erfolgreich, wettbewerbs- und durchsetzungsfähig ist, lasse sich auch auf menschenfeindlichen Wegen erreichen; nur würde sie in diesem Fall den Menschen und ihren Wertekompass, ihr Herz, verlieren. Sie sei dann eigentlich gar keine menschliche erfolgreiche Gesellschaft mehr, sondern eine unmenschliche und damit in sich schon ein Widerspruch, ein Fehlentwurf.

Individuum und Gemeinschaft

Das sind zwei Stimmen, Allers und König, die – sicher geprägt durch die extremen Zivilisationsbrüche des Nationalsozialismus – auf die Bedeutung und den Wert einer humanen Gemeinschaft hingewiesen haben. Ich finde diese Stimmen deswegen so bedeutungsvoll, weil beide – wie auch Frankl und zudem noch in der gleichen Zeit – von der unbedingten Würde des Individuums ausgegangen sind bzw. durch ihre unterschiedlichen Erkenntniswege zu einem solchen Verständnis hingeführt wurden. Zugleich: Weder Allers noch König haben Sinn als sozial oder soziodynamisch reduzierbares Gruppenereignis gesehen oder gar darauf zurückgeführt. Sie haben im Gegenteil versucht auszuloten und herauszufinden, wie man Gemeinschaft gestalten kann, ohne dass der Einzelne im Gruppengeschehen untergeht bzw. auf rein leib-seelische Bedingungen oder soziale und biologische Merkmale reduziert wird. Vielmehr regten sie an, dass man mithelfen möge, gesellschaftliche

Bedingungen zu schaffen, die es auch jenen ermöglichen, sinnvoll am Leben teilzunehmen, die andernfalls herauszufallen oder ausgesperrt zu sein drohen: Individualität sollte durch spezielle Gemeinschaftsformen gefördert und nicht einem entindividualisierenden Normdenken unterworfen werden.

Heilung durch Sinn

Vielleicht darf ich dazu von einem persönlichen Erlebnis berichten: Ich habe vor einigen Jahren eine solche Gemeinschaft in Deutschland besucht. Dort leben und arbeiten Behinderte mit Nichtbehinderten zusammen. Jeder und jede übernimmt in einem solchen Dorf die nötigen Aufgaben, denen er oder sie gewachsen ist – und das bewährt sich schon seit einigen Jahrzehnten bestens. Der Leiter einer der Wohngruppen erzählte mir während meines Besuchs vom Schicksal und Werdegang eines der jüngeren Bewohner. Es handelte sich um einen jungen, einst hochbegabten Mathematiker, der tragischerweise ein Jahr zuvor auf dem Weg zum Universitätsinstitut, in dem er als Assistent soeben an seiner Habilitationsschrift arbeitete, einen Mopedunfall hatte. Er hatte sich derart schwere Hirnverletzungen zugezogen, dass nach der Rehabilitation nicht mehr an eine Wiederaufnahme seiner akademischen Arbeit zu denken war. Er wies schwere kognitive Defizite ohne Aussicht auf Wiederherstellung auf und wäre im Grunde ein Fall für eine stationäre Pflegeeinrichtung gewesen, zumal er auch affektiv sehr labil und oft unruhig und agitiert war. Stattdessen aber kam er auf Initiative seiner Eltern in besagte Einrichtung.

Anfangs fiel es den dortigen Verantwortlichen recht schwer, eine dem Gesundheitszustand und den Fähigkeiten des Mannes, aber auch seinen Interessen gemäße Aufgabe für ihn zu finden. Für die

Arbeit in der Küche oder in der Reinigung war er aufgrund seiner Agitiertheit und gelegentlichen Zornausbrüche ungeeignet, und auch sonst gestaltete sich seine Eingliederung äußerst schwierig. Bis einer der Verantwortlichen bemerkte, dass der junge Mann häufig bei den Kühen verweilte. Dort sah er ihnen zu und fing bald von sich aus an, Äste und anderes Zeug aus der Tränke zu holen. Kurzum, bei „seinen" Kühen schien er sich wohlzufühlen. Hier blühte er regelrecht auf. Nach einigem Anlernen wurde daher dies sein neuer Arbeitsbereich – im Rahmen seiner Möglichkeiten. Bald war er für die Fütterung der Kühe und für die Ordnung in Stall und Weide zuständig und fand darin Erfüllung. Er hatte eine auch für die Hofgemeinschaft wichtige Rolle gefunden und – was immer es letztlich war: ob der Umgang mit den Tieren, ob die Stunden an der frischen Luft oder doch das intuitive Erkennen, trotz seines biologischen Schicksals eine sinnvolle Aufgabe gefunden zu haben – seine affektive Labilität legte sich. Er war allem Anschein nach zufrieden, ruhte mehr in sich selbst und konnte nach und nach weitere Aufgaben übernehmen. Es gelang ihm immer besser, sich sinnvoll in die Gemeinschaft einzubringen.

Stützende Gemeinschaften

Man kann schon annehmen, dass es in diesem Fall neben der geistigen Person dieses Menschen auch die stützenden Umstände der Gemeinschaft waren, die zusammenwirkten, dass er nicht einfach in einer Pflegeeinrichtung zum ständig missmutigen Patienten wurde, sondern auf zwar eingeschränkte, aber doch persönliche Weise eine sinnvolle Aufgabe und produktive Rolle finden und wahrnehmen konnte.

Ich weiß wohl, dass das ein Extrembeispiel ist. Was ich damit aber allgemein zum Ausdruck bringen will, ist eben jener Gedanke, den wir auch bei Allers und König finden: Dass es auch eine *ermutigende Umgebung* braucht, die dem Menschen zutraut und die Gelegenheiten eröffnet, persönliche Sinnaufgaben zu finden und zu erfüllen. Um in der Sprache der Logotherapie zu bleiben: eine Umgebung, die Situationen ermöglicht, die den eigenen Freiraum vergrößern – und mit ihm die darin gegebenen Sinnmöglichkeiten.

Natürlich kann man einwenden, dass eine solche unterstützende Umgebung insbesondere dort nötig ist, wo Menschen durch Beeinträchtigungen oder schwierige Lebenserfahrungen auf eine diesbezügliche Hilfeleistung angewiesen sind. Aber ich bin mir genau an diesem Punkt gar nicht einmal sicher. Ich sehe das nämlich auch in ganz anderen Lebenszusammenhängen – etwa bei meinen Studierenden, die ohnehin von vorneherein viel mehr Möglichkeiten ins Leben mitbringen. Aber selbst da gilt: Ist eine unterstützende Gemeinschaft nicht für uns alle etwas sehr Wertvolles? Ist es nicht vielleicht schon an sich sinnvoll, wenn man sich darum bemüht, dass wir die Rahmenbedingungen schaffen, in denen der oder die Einzelne sich entfalten kann und zugleich aufgehoben, unterstützt und in seiner Individualität geschätzt weiß?

Das kann man nun im Großen anstreben und auf eine neue Welt hoffen. Aber ich denke, wir müssen realistisch und bescheiden bleiben: Es gibt eben auch – darauf spielte ich mit meinen Beispielen vorhin an (Krebsselbsthilfegruppe, Bauernhof ehemaliger Häftlinge, Gemeinschaft Cenacolo oder Camphill) – immer wieder Einzelne, die nicht darauf warten, dass sich alles en gros ändert, sondern schon im Kleinen anfangen.

Kurz: Ja, gewiss haben Sie damit Recht, dass wir letztlich allein sind. Aber wenn wir die Einzelfaktoren gelingenden Lebens auflisten, dann werden die Familie, ein Freundes- oder Kollegenkreis und auch eine gut funktionierende Gemeinschaft, die unsere Stärken fördert und schätzt, die unsere Schwächen auffängt und unsere gelegentliche Hilfsbedürftigkeit erkennt und respektiert, wohl auch an oberer Stelle stehen. Nicht zuletzt sehen wir an den uns gegenwärtig überrollenden Krisenwellen, wie sehr auch die Umstände unser Geschick prägen – und wie sehr es sich daher lohnen kann, an einem besseren psychologischen und sozialen Lebensraum mitzuarbeiten. Da wir hierzulande mehr Möglichkeiten besitzen als die Generationen vor uns – wäre es da nicht ungemein wichtig, mehr Einsatz zu zeigen für eine ganz und gar nicht „heile, aber heilbare Welt"? Also auch aus dem Geist der Logotherapie heraus soziales Engagement zu zeigen, gerade weil wir mit wichtigen Einsichten gewappnet sind über sinnvolles Leben, über Würde, über Sinn in und trotz leidvoller Lebensumständen? Mein Vorschlag lautet daher, auch auf Faktoren zu schauen, die bislang vielleicht kein so zentrales Thema der Logotherapie gewesen sind: Nämlich an den Schrauben der sozialen Umstände zu drehen, an denen sich der jeweilige Freiraum der Menschen entfaltet und innerhalb dem sie Sinnmöglichkeiten wahrnehmen und verwirklichen können …

Lukas: Das ist eine flammende Rede für soziales Engagement, an der ich nichts zu bekritteln habe. Außer vielleicht dem simplen Hinweis, dass die Talente und Begabungen der Menschen in höchstem Maße unterschiedlich sind und keineswegs jedermann für direktes soziales Engagement geeignet ist. Es hat auch nicht jedermann einen „grünen Daumen" für Blumenpflege. Manch künstlerisch Versierte hat ein Faible für malerische Farben oder für ein prickelndes Spiel mit Tönen. Manch geübter Mechaniker kann allerlei kaputte Motoren wieder zum Laufen bringen. Manche geschickte Hausfrau bäckt köstliche Plätzchen aus erlesenen Zutaten. Gewiss, das alles steht in sozialen Zusammenhängen, ist letztlich ein Präsent an die Gemeinschaft, darf aber für den Betreffenden im Tun und Werken selbst durchaus sinnstiftend sein und bleiben. Frankl hat sich zum Beispiel als junger Arzt der damaligen sozialistischen Arbeiterbewegung angeschlossen, später aber lieber medizinische Fachbücher geschrieben oder Vorträge gehalten. Und sogar wenn er auf den Raxberg zum Klettern gefahren ist, war dies indirekt von Nutzen für andere, weil er mit erholten Nerven intensiver für seine Patienten da sein konnte. Es gibt vielerlei Arten, „sozial" zu sein.

Freiräume erkennen und vergrößern

Was mir an Ihren Ausführungen sehr gefällt, ist Ihr Vorschlag, an den Umständen zu drehen, die den Freiraum anderer Menschen vergrößern. Dass dies ein unterbelichtetes Thema der Logotherapie sein soll, kann ich nicht hinnehmen, denn im Prinzip ist es der Basisauftrag jeder psychotherapeutischen Intervention.

Batthyány: Natürlich – und während wir darüber sprechen, fallen mir auch die vielen Initiativen ein, vor allem in Italien und in Südamerika, in denen Logotherapeuten auch gezielt soziale Brennpunkte aufsuchen und dort Hilfe, Krisenprävention und -intervention anbieten und versuchen, etwa junge Menschen von den Drogen wegzuholen und ihnen konstruktivere Alternativen nahezulegen; oder auch die Initiativen, die jetzt, mitten im Krieg, über alle inneren und äußeren Grenzen vorbehaltlos jenen Hilfe anbieten, die unmittelbar betroffen sind. Aber Sie sprachen eben davon, dass die Erweiterung des Freiraums „Basisauftrag jeder psychotherapeutischen Intervention" sei – also nicht nur im Sozialen, sondern auch in der individuellen Begleitung. Wie meinen Sie das?

Lukas: Das geschieht in der Logotherapie in einem „Kettenreaktionsverfahren", wobei es sich diesmal um eine „Kette der Zuwendungs- und Dienstleistungsbereitschaft" handelt, von der wir gerne hören, wenn sie sich fortsetzt. Es ist ja so: Wenn sich Ratsuchende in eine logotherapeutische Beratung begeben, wird ihnen früher oder später ihr eigener Freiraum aufgezeigt. Der Logotherapeut kann diesen zwar nicht unmittelbar vergrößern, aber wenigstens im vollen Umfang transparent machen. Und meistens ist der persönliche Freiraum der Person größer, als sie denkt. Danach kommt das komplizierte Verfahren der Suche nach der („objektiv") sinnvollsten Möglichkeit, die diese Person in ihrem gegenwärtigen Freiraum hat. Schließlich kommt es zur Motivierung, exakt diese sinnvollste Möglichkeit zu ergreifen, was nur die Person allein (und hier ist sie wirklich allein!) entscheiden kann. So weit in aller Kürze.

Aber was folgt? Sinn ist das zu eruierende Optimum für alle Beteiligten – und gelegentlich auch noch für Unbeteiligte. Sinnerfüllung streut positiv in die Welt, und insofern ist sinnvolles Handeln immer irgendwie soziales Engagement. Aus solcher Sinnerfüllung wird die Person – als unangestrebter Nebeneffekt – um eine Spur glücklicher, zufriedener, gelöster, heiler, reifer o. ä. hervorgehen, als sie es zuvor war. So die logotherapeutische Zuversicht. Da aber Sinn das Optimum für alle Beteiligten ist, werden die Beteiligten (und gelegentlich auch Unbeteiligten) als nächste Kettenglieder ebenfalls eine Spur glücklicher etc. sein. Vielleicht haben sie einen Hauch von Verständnis, Nachsicht, Rücksichtnahme, Inspiration oder was auch immer durch die ratsuchende und nunmehr sinnerfüllende Person erhalten. Vielleicht ist etwas darunter, was *ihren Freiraum vergrößert*.

Erlauben Sie, dass ich Ihr schönes Beispiel von vorhin hypothetisch durchexerziere. Ein Betreuer von Camphill sucht Hilfe bei einem Logotherapeuten. „Mit dem verunfallten jungen Mann weiß ich mir keinen Rat mehr", klagt der Betreuer. „Er ist affektiv labil, unruhig, agitiert, hat unkontrollierte Zornausbrüche und stört dauernd unsere Gemeinschaft! Ich halte das nicht mehr aus!" Der Logotherapeut öffnet den Freiraum des Betreuers. Was der behinderte Mann tut, liegt nicht darin. Stattdessen liegen viele Möglichkeiten des Betreuers darin, die nun gemeinsam durchforstet werden. Schließlich kristallisierte sich eine außerordentlich sinnträchtige Möglichkeit heraus, die der Logotherapeut zusammenfasst: „Sie sagen, der Mann hält sich gerne bei den Kühen auf, schaut ihnen zu, reinigt ihre Tränke usw. Vielleicht hat er einen Bezug zu den Tieren. Sie könnten ihm offerieren, sich noch etwas intensiver um die Kühe zu bemühen, und ihn dabei ein bisschen anleiten …" Der Betreuer verwirklicht diese Möglichkeit und die logotherapeutische Hoffnung geht auf. Es geht dem Betreuer (als Nebeneffekt) bei seiner Arbeit besser, das heißt, bald kann er den verunfallten Mann gut aushalten. Warum? Weil die Sinnmöglichkeit, die er selber verwirklicht hat, gleichzeitig den Freiraum des jungen Mannes vergrößert hat, dieser seinerseits darin eine exquisite Sinnmöglichkeit entdeckt hat und entsprechend eine Spur froher und ruhiger geworden ist. Wenn er künftig emotional ein wenig kontrollierter ist, wird die Kette im Positiven weitere Bewohner der Gemeinschaft inkludieren.

Lassen Sie mich in logotherapeutischer Diktion festhalten, dass wir ständig sowohl in die „schicksalhaften Bereiche" als auch in die „persönlichen Freiräume" unserer Mitmenschen hineinwirken. Wer einem anderen ein Auge ausschlägt, schleudert ein Trauma in dessen schicksalhaften Bereich – aus dem es nicht mehr entfernt werden kann. Gleichzeitig verringert er den Freiraum des Verletzten, dessen Sehvermögen plötzlich beeinträchtigt ist. Wer einen Blinden an einem Auge operiert, sodass er wieder sehen kann, erweitert dessen Freiraum um das Lesenkönnen und Unzähliges mehr. Gleichzeitig schafft er ein freudiges Ereignis in den schicksalhaften Bereich des vormals Blinden hinein. Ob der Betreffende allerdings die Möglichkeit nützt, nunmehr ein Buch zu lesen, entscheidet dieser allein. Wir können fremde Freiräume vergrößern, aber wir können niemals entscheiden, was der andere in seinem (kleinen oder größeren) Freiraum wählt. Was die Wahl angeht, sind fremde Freiräume für uns tabu. Das markiert auch das Ende der Fahnenstange bezüglich sozialen Engagements – was wir bei allem Enthusiasmus nicht vergessen sollten.

Es ist kein Grundsatz, fremde Freiräume auf jeden Fall vergrößern zu wollen. Hätte der Betreuer im genannten Camphill-Beispiel dem jungen Mann ein Gewehr gereicht und ihn schießen gelehrt, wäre dies ebenfalls eine Freiraumvergrößerung gewesen, denn der Behinderte hätte mit einem Mal die Möglichkeit vorgefunden, auf unliebsame Personen zu zielen und abzudrücken. Wir sind uns einig, dass diese Möglichkeit nicht in seinen Freiraum gelangen sollte. Auch bei heranwachsenden Kindern muss man Freiraumvergrößerungen vorsichtig handhaben, um ihnen nicht Wahlmöglichkeiten für unbedachtes Handeln zuzuschustern.

Es ist eher ein Grundsatz, von Freiraumverkleinerungen Abstand zu nehmen (vielleicht mit Ausnahme des Strafvollzugs). So ist es hochgradig gemein, einem anderen bloß noch zwei schlechte Alternativen zu lassen. Was etwa geschieht, wenn ein Land ein anderes militärisch angreift. Welche Wahl bleibt dem attackierten Land? Es will weder Krieg führen noch sich okkupieren lassen. Was sonst? Jede Minimöglichkeit dazwischen wie Bitten, Verhandeln, Kompromisse suchen etc. kann torpediert werden. Welches Elend dadurch entsteht, weiß nicht nur die Generation unserer Eltern zu schildern – auch die heutige junge Generation wird soeben bitterlich damit konfrontiert.

Im Gespräch bleiben trotz allem …

Batthyány: Nun sind wir bei der Frage nach Kompromissen und Verhandlungen recht unvermittelt in einen hochaktuellen Themenbereich vorgedrungen, an dem wir nicht vorbeikönnen, wenn wir über die Krisen und Themen der Gegenwart sprechen. Es sind ja die gegenwärtigen herausfordernden Zeiten, die unser Gespräch angestoßen haben – herausfordernd nicht nur in Bezug auf das, was erlebt wurde und wird (Pandemie, Krieg), sondern herausfordernd auch mit Blick darauf, wie diese Herausforderungen gedeutet wurden und werden.

Misstrauen und Verschwörungstheorien

Daher möchte ich einen Sachverhalt herausgreifen, der viele Familien, Freundeskreise und Gemeinschaften bewegt bzw. mehr noch: auseinanderzureißen droht, nämlich die Ideologisierung des Misstrauens gegenüber den Ursachen der gegenwärtigen Herausforderungen. Vieles von dem, was heute als Spaltung der Gesellschaft erlebt wird, fand seinen Ausgang – oder wurde sichtbar – im Rahmen der Pandemie. Schon recht früh begannen vielerorts Misstrauen und Zweifel an den Motiven, den Forschungsergebnissen und den Handlungen wissenschaftlicher Expertinnen und Experten sowie der helfenden Berufe bzw. deren Abwertung und Verleumdung aufzukommen. Zuerst waren es nur vereinzelte Funken. Bald aber wurde es ein Flächenbrand. Und tatsächlich beobachten wir seither eine Radikalisierung und Absage an einen bis vor kurzem noch kaum in Frage gestellten Konsens etwa über die Unhaltbarkeit längst überwunden geglaubter Verschwörungserzählungen, zunächst vor allem (aber nun längst nicht mehr nur) im Zusammenhang mit der Pandemie.

Das hat Folgen. Wo früher über politische Meinungsverschiedenheiten oder anderweitige Deutungsunterschiede zumindest prinzipiell ein rationaler Diskurs möglich war, stehen die Positionen heute unversöhnlich gegenüber und werden nur noch in den seltensten Fällen rational verhandelt. Stattdessen stehen Vorverdächtigungen und Misstrauen, teils auch unverhohlene Aggression im Vordergrund. Diese Aggression richtet sich gegen das „System“ und seine Repräsentanten in Wissenschaft, Staat und Kirche. Wobei wir nicht vergessen sollten: Auch in den Institutionen geht es letztlich um Menschen, die auch nur nach bestem – wenngleich stets vorläufigem – Wissen und Gewissen Verantwortung übernommen bzw. wahrgenommen haben, insbesondere in Medizin und wissenschaftlicher Forschung. Die Aggression richtet sich daher nicht so sehr gegen eine Sache oder gegen bestimmte Ansichten, vielmehr zielt sie auf Personen des öffentlichen Lebens oder Mitglieder der helfenden oder forschenden Berufe ab.

All das gab es in diesem Ausmaß in unserer Generation noch nie, vor allem war es noch nie so mehrheitsfähig. Nur: Jetzt, da wir dort angekommen sind, stellt sich die Frage, wie man diese Spaltung der Gesellschaft wieder überwinden kann. Es gibt zwar einige wissenschaftliche, vor allem soziologische und sozialpsychologische Ansätze, die uns helfen mögen, diese Entwicklungen zu *verstehen*. Aber diese Erklärungsansätze bieten zugleich leider kaum brauchbare

Hinweise auf Auswege und Versöhnung. Vielmehr herrscht große Ratlosigkeit, manchmal auch Sprachlosigkeit. Wie redet man wieder miteinander? Wie findet man wieder zueinander, auch dann, wenn man die Welt so grundlegend anders deutet und wahrnimmt?

Interessante Hinweise dazu fand ich bislang einzig in einem Erlebnisbericht des Zeit-Autoren Alexander Eydlin. Er schildert darin nämlich autobiographisch, wie er sich selbst in Verschwörungstheorien verrannt hatte (und letztlich wieder herausfand):

> „Die Welt, in der ich als Verschwörungstheoretiker lebte, war finster. Aus Quellen wie dem Film ‚Zeitgeist' und spektakulär aufgemachten Interviews mit vermeintlichen Freimaurern und angeblichen Ex-Geheimdienstlern in Video-, Artikel- oder Buchform wusste ich, dass die einzige Lösung für das Problem des bevorstehenden wirtschaftlichen und ökologischen Zusammenbruchs nur eine drastische Reduktion der Weltbevölkerung sein kann; dass eine Gruppe hochintelligenter und sehr mächtiger Männer das schon vor mindestens hundert Jahren hatte kommen sehen; dass sie bei der Gründung der US-amerikanischen Notenbank ein Finanzsystem installiert hatten, welches ihnen fortan erlaubte, selbst Supermächte in wirtschaftlicher und politischer Abhängigkeit zu halten; dass ihre Nachfolger die Abschaffung des Bargelds und inzwischen dessen Ersatz durch einen Chip unter der Haut anstreben, an den in naher Zukunft das gesellschaftliche Überleben jedes Einzelnen gekoppelt sein wird; dass sie schließlich, sobald sie dieses Instrument der allumfassenden Macht besitzen, in der Lage sein werden, mithilfe eines absichtlich herbeigeführten Krieges oder einer Pandemie (!) ihr Ziel einer sogenannten Neuen

Weltordnung zu erreichen – dem perfekten Überwachungsstaat, der Gedanken und Gefühle der Überlebenden nach Belieben steuern kann.

Wer davon überzeugt ist, in einer solchen Welt zu leben, der kann nicht anders, als permanent das Schlachtfeld zu sehen. 5G-Mäste? Vorbereitung für den Chip! Impfungen, gar eine mögliche Pflicht dazu? Unterdrückung des menschlichen Immunsystems, um ein autarkes Überleben unmöglich zu machen. Die sich verstärkenden Spannungen zwischen Russland und dem Westen? Herbeiführen eines Casus Belli für den finalen Krieg. Verrückte Geschichten von Politikern, die eigentlich Reptilienmenschen sind und sich im Inneren der hohlen Erde mit Aliens austauschen? Absichtlich von Geheimdiensten verbreitete, schwachsinnige Pseudoverschwörungstheorien, die das Hinterfragen der großen, wahren Weltverschwörung bloßstellen sollen. Und nun auch noch das: Maskenpflicht? Ein besonders genialer Schachzug, um gesellschaftliche Konflikte hochkochen zu lassen."[19]

Eydlin beschreibt auch, wie wenig gängige Klischees und häufig kursierende Ratschläge zum Umgang mit Menschen, die sich Verschwörungstheorien zu eigen gemacht haben, den Kern der Sache treffen. So erwähnt er etwa, dass die oft gehörte Vermutung, Verschwörungstheoretiker würden eine einfach strukturierte Welterklärung suchen, um die Komplexität der Welt zu reduzieren, schon dadurch widerlegt werden könne, dass Verschwörungstheorien oftmals viel komplexer sind als die Phänomene und Beobachtungen, die sie erklären sollen.

Auch sonst weiß Alexander Eydlin differenziert zu berichten. Er zählt etwa auf, was *nicht* wirkt, um wieder Zugang zu jemandem zu finden, der sich in Verschwörungstheorien verrannt hat: Der Vorwurf z.B., sich auf „Extremisten“ einzulassen, führt nach Eydlin weniger zum Überdenken der eigenen Positionen als vielmehr dazu, tatsächlich noch bestehende Berührungsängste mit Extremisten aufzugeben – er kann also schlimmstenfalls nach hinten losgehen und den Zulauf zu Extremisten sogar noch verstärken.

Der Versuch andererseits, über die Fragwürdigkeit verschwörungstheoretischer Quellen oder Inhalte logisch zu argumentieren, würde in der Regel nur mehr Gegenreaktion hervorrufen:

> „Verschwörungsgläubige haben sehr feine Antennen für das, was sie als Versuch empfinden, sie als Irre darzustellen, und blocken es ab. Wer so virtuos die eigenen Zweifel unterdrückt, schafft das auch mit den Zweifeln anderer.“

Eydlin meint schließlich: Aus seinem selbstgezimmerten Gefängnis aus Verschwörungserzählungen und überwertigen Ideen habe ihn letztlich die Geduld und das genuine Interesse anderer geholfen:

> „Das Interesse steckt an und öffnet Wege, wertungsfrei die eigenen Widersprüche zu entdecken [...] Wer kritisches Denken hervorrufen möchte, muss auf den Habitus des Erziehers verzichten, denn Erziehung offenbart [...] das Vorhandensein einer Agenda, also genau dessen, was Verschwörungstheoretiker überall wittern.“

Nun muss man allerdings einwenden, dass Eydlin ein offenkundig hochreflektierter Mensch ist, der die kognitiven und intellektuellen Ressourcen verfügbar hatte und aufzubringen wusste, „wertungsfrei die eigenen Widersprüche zu entdecken“. Außerdem war er es als Journalist schon von Berufswegen her gewohnt, verschiedene Perspektiven einzunehmen und zu hinterfragen. Das scheint aber durchaus nicht der Regelfall zu sein – der Regelfall ist, wenn man der Fachliteratur folgt, eher der, dass die Betroffenen nahezu alle ihre Ressourcen dahingehend einsetzen, sich gegen Zweifel und Widersprüche zu immunisieren, und sich angesichts von potentiellen Zweifeln eher weiter radikalisieren.

Wahrscheinlich kennt jede und jeder von uns solche Fälle im eigenen beruflichen oder familiären Umfeld; oder aber hört von anderen Personen, die in tiefer Sorge darüber sind, dass Familienbande und Freundschaften über solche Meinungsverschiedenheiten zu zerbrechen drohen.

Daher interessiert mich Ihre Sicht auf diese Fragen. Mit Ihrer jahrzehntelangen Erfahrung als Psychotherapeutin und klinische Psychologin: Was denken Sie darüber? Was kann, was soll man tun? Was soll und darf man sich erwarten? Wie können Frieden und Verständnis (wenn auch nicht inhaltliches Einverständnis) bleiben oder wenigstens aufkommen zwischen Familienmitgliedern, Freundinnen und Freunden, in Gemeinschaften, wenn sich eine oder zwei Parteien inhaltlich derart weit auseinanderbewegen, dass sie die Welt so grundverschieden deuten und handhaben?

Lukas: Jetzt haben Sie unseren Dialog aber auf eine riskant abschüssige Bahn gelenkt! Auch jahrzehntelange Gesprächserfahrung mit ratsuchenden Personen gestattet keine Erleuchtung bei sämtlichen abstrusen Phänomenen. Deshalb gestehe ich Ihnen unumwunden meine eigene Ratlosigkeit ein. Ich habe zwar eine vage Vorstellung, was das Zustandekommen der von Ihnen skizzierten Verschwörungstheorien betrifft, kann dabei aber völlig falschliegen. Und zur anderen Frage, nämlich wie man solche fixen Theorien freundschaftlich auflockern könnte, vermag ich nur auf rhetorische Grundsätze zu verweisen, die in der Nähe der logotherapeutischen Methode der „Einstellungsmodulation“ rangieren – eben zu dem Zweck, unrichtige, illusionäre und gesundheitsschädigende Ansichten ins Wanken zu bringen.

Selbstüberschätzung als Gedankenfalle

Zunächst zu meinen Vorstellungen über eine mögliche Wurzel des Malheurs. Nachweislich neigt der Mensch seit Urzeiten dazu, sich nahezu als „den Macher von allem“ zu interpretieren. Überheblichkeit war immer schon sein Deutungshandikap bei der Betrachtung von Naturvorgängen. Von sich selbst als Krönungshaupt der Schöpfung bis hin zum geozentrischen Weltbild ist er in jede Gedankenfalle getappt, die ihm ein Übermaß an Macht vorgegaukelt hat. Es könnte sein, dass ihm dieser Fehlgriff soeben wieder passiert. Denn tatsächlich ist die Überbevölkerung auf Erden – gerade haben wir die Acht-Milliarden-Marke überschritten – bedenklich. Sie ist umso bedenklicher, als unsere Nahrungsressourcen und Lebensräume in Zukunft knapper zu werden drohen.

Aber wenden wir den Blick von uns selbst ab: Die Evolution, die uns hervorgebracht hat, läuft unbeirrt von ihren Geschöpfen und deren Wünschen weiter und hat ihre eigenen Gesetze. Ihr Auftrag dürfte es sein, die kontinuierliche Fortentwicklung des biologischen Lebens auf Erden zu sichern. Sie hat es durch kosmische Einflüsse, atmosphärische Umwälzungen, Kontinentalverschiebungen, mehrere Eiszeiten hindurch gerettet, hat aus unzähligen Mutationen das Lebensrobuste ausgefiltert, das Lebensuntaugliche vernichtet und war stets darauf bedacht, Überlebenschancen zu wahren. Dabei ist sie nicht zimperlich in der Wahl ihrer Mittel. Was Fortentwicklung hemmt, wird kategorisch aus dem Weg geräumt, was alle Zoologen und Botaniker bestätigen werden. Sobald demnach eine menschliche Überbevölkerung auf Erden das menschliche Entwicklungspotential gefährdet, wird sich die Evolution daranmachen, das aus der Balance Geratene wieder in die Balance zu bringen, und das heißt – so traurig es in unseren Ohren klingt –, die Überbevölkerung zu reduzieren. Sie wird handeln wie ein Gärtner, der eine seine Sträucher und Beete überwuchernde Schlingpflanze, und trage sie noch so schöne Blüten, sorgsam zurückstutzt. Für die Evolution und ihre mächtigste Verbündete, die Langzeit, ist das ein Kinderspiel. Klimakatastrophen, Umweltkatastrophen, Hungerkatastrophen, Energie- und Wirtschaftskollapse, Seuchen, aggressive Selbstausrottung und vieles mehr stehen ihr zur Verfügung, und sie kann die ganze Palette einsetzen, damit schließlich ein Häufchen Menschen übrigbleibt, das wiederum handfeste Überlebens- und Entwicklungschancen besitzt.

Natürlich gefallen uns Artgenossen solche Aussichten überhaupt nicht. Und da uns die althergebrachte Überheblichkeit immer noch im Nacken sitzt, glauben wir entweder, dass wir selbstherrlich mittels Vernunft, Technik und Fortschritt allein das Schlimmste verhindern können, oder dass einfach menschliche Bösewichter hinter der dräuenden Dezimierung stecken, grausame Potentaten, die wir bekämpfen müssen – und da haben Sie die kursierenden Verschwörungstheorien!

Es schwebt schon seit längerem eine Ahnung auf den jungen Generationen, oder dass unlimitiertes Wachstum auf einem limitierten Planeten nicht möglich ist und dass indirekt bereits die Kehrtwende zum Gegenteil von Wachstum, nämlich zur Schrumpfung, begonnen hat. Wie wir dies interpretieren und wie viel Wut dies gegen „irgendwen" bei uns auslöst, bleibt dem Einzelnen überlassen.

Druck erzeugt Gegendruck

Was zu den rhetorischen Grundsätzen überleitet, die vielleicht die Kommunikation mit Vertretern irrealer Feindbilder paranoider Schattierungen erleichtern können. Obwohl uns Frankl für therapeutische Zwecke den „Sokratischen Dialog" nach altgriechischem Vorbild empfohlen hat, war er weise genug, vor einem Argumentieren gegen fixe Ideen zu warnen. Das Motto „Druck erzeugt Gegendruck" stimmt hier durchaus. Wenn die Fixierung ein gewisses (pathologisches?) Ausmaß erreicht hat, lässt sich bloß noch *innerhalb* des „Wahngebildes"[20] auf kleine Korrekturen abzielen. Ähnlich wie bei der Methode der Validierung im Umgang mit dementen Personen lässt man dabei die Fehlidee unangetastet stehen und bemüht sich um eine Entschärfung ihrer konkreten Folgen.

Angenommen, es werden Feinde apperzipiert, die gar nicht vorhanden sind. Nun, muss man diese „Feinde" deswegen hassen? Kann man sie nicht auch ignorieren, sich von ihnen distanzieren und die Aufmerksamkeit auf etwas anderes lenken? Etwa auf den eigenen Freiraum, der trotz jener „Feinde im Hintergrund" noch offen ist? Überhaupt: Will man denn genauso agieren wie jene „Feinde" und lauter Unheil verbreiten? Will man ihren Manipulationen wirklich zum Opfer fallen oder lieber ein Gegengewicht zu ihnen bilden, indem man Toleranz, Großzügigkeit und Kollegialität hochhält, was gar nicht in deren Sinne ist? Die „Feinde" wollen doch die Zerstörung der menschlichen Gesellschaft. Warum soll man sie dabei unterstützen? Was irgendwelche Superbosse der oberen Etage entscheiden, hat man nicht in der eigenen Hand, aber was man in der eigenen Hand hat, bestimmt man selber. Ist aus den Verschwörungstheorien eine Sehnsucht nach Freiheit herauszuhören?

Okay, dann reden wir über Freiheit – nicht „von", sondern „zu" etwas, die einzige Freiheit, die uns gehört.

Die Trotzmacht des Geistes

Eydlin sprach von Finsternis, vom permanenten Sehen eines Schlachtfeldes und von einem selbstgezimmerten Gefängnis. Das ist eine perfekte Beschreibung dessen, wohin der Hass einen Menschen katapultiert. Aber der Betreffende muss es nicht zulassen. Statt gegen (echte oder vermeintliche) Feinde Sturm zu laufen, kann er versuchen, sich seines Hasses zu erwehren, das Gefängnis aufzubrechen, das Schlachtfeld zu verlassen und mit der Fackel eigener Freiheit und eigenen Anstandes die Finsternis zu erhellen. Weiß er, dass eine „Trotzmacht des Geistes" zu seiner menschlichen Ausrüstung zählt? Wenn nicht, darf er sanft aufgeklärt werden.

Wann hat er diese Trotzmacht schon einmal verspürt? In welchen Zusammenhängen benützt? Vielleicht bei Ängsten, die sich irgendwann in sein Leben eingeschlichen haben? Ängste freuen den „Feind" sehr, denn sie gehören zu dessen monumentalsten Mitstreitern. Wie wäre es, sich nicht nur von seinem Hass, sondern auch noch von seinen Ängsten freizustrampeln? Hui, wäre das Leben wieder bunt! Sollen sich die Verschwörer verschwören und versuchen, die Welt aus den Angeln zu heben – man hasst sie nicht, man fürchtet sie nicht, man straft sie mit Nichtbeachtung und gestaltet sein weiteres Leben ... im Unterschied zu jenen, deren „Gewissenlosigkeit" man anprangert ... im Einklang mit seinem Gewissen, welch eine Novität! Man wird ein ganz neuer Mensch ...

Eydlin hat völlig Recht: Eine solche Intervention benötigt viel Geduld und ein ehrliches Interesse am Gegenüber, vor allem aber viele Fragen und wenig eingestreute Antworten. Die Frageform schafft eine Vertrauensbasis, hilft, den Gesprächspartner besser einzuschätzen, baut seine Vorurteile ab und eventuell unfairen Angriffen vor, schafft Pausen zur Ausformulierung von Anschlussfragen und erlaubt ein diplomatisches Korrigieren unausgegorener Behauptungen durch Einblenden überraschender Impulse aus der Logotherapie (wie dem Freiheitsbegriff, der Trotzmacht des Geistes u. Ä.). Das wird nicht immer funktionieren, aber es ist wohl das Äußerste, was man versuchen kann. Oder wie halten Sie es bei Ihren Studentenberatungen?

Weltuntergangsprophezeiung

Batthyány: Ich muss dazu sagen, dass ich selbst unter meinen Studierenden noch nie jemanden in der Sprechstunde hatte, der mir brühwarm eine Verschwörungstheorie zu Corona vorgesetzt hätte. Aber viele beklagten sich, dass auch gute Freundschaften zerbrachen, weil einige ihrer Kommilitonen eine stark ideologisierte Deutung der Pandemie vornahmen. Aber direkt habe ich derartige Gespräche mit Proponenten der Querdenkerbewegung nicht in der Sprechstunde geführt.

Vielleicht mit einer einzigen Ausnahme; dies war allerdings einige Jahre vor Corona, als in weltanschaulich von der Querdenkerbewegung gar nicht weit entfernten Kreisen die Idee kursierte, dass am 21. 12. 2012 die Welt, wie wir sie kennen, untergehe oder vor einer grundlegenden (physischen) Transformation stehe.[21] Damals war die Rede von einer „Polumkehr" und davon, dass die meisten Regierenden davon wüssten oder gar daran beteiligt seien, die Bevölkerung aber absichtlich in Unwissenheit beließen. Der Student, der dies vorbrachte, war fachlich eigentlich recht fit, allerdings hatte er sich so sehr in dieses Gedankengut verrannt, dass er mit seiner Diplomarbeit nicht und nicht fertig wurde. Genau genommen sah er auch gar keinen Grund, sich darum zu bemühen, da ja ohnedies der große Wandel bevorstünde. Ich erinnere mich gut daran, wie zunehmend schwierig sich unsere Gespräche gestalteten. Versuche, das Gespräch wieder auf den Inhalt seiner Diplomarbeit zu lenken, scheiterten – immer wieder kam er auf die bevorstehende große Umwälzung zurück. Irgendwann erschien der Student einfach nicht mehr – er hatte seine Arbeit niedergelegt und das Studium abgebrochen.

Ich befürchtete zunächst, dass da etwas Wahnhaftes dahinter lauern könne; allerdings habe ich dann festgestellt, dass es sich gar nicht um sein privates Wahnsystem gehandelt hatte. Vielmehr war er zum leichtgläubigen Opfer einer verschwörungstheoretischen Subkultur geworden, in der gar nicht wenige Bücher zu dem Thema erschienen waren. Es gab eigene Internetseiten mit Countdowns und Namenslisten von beschuldigten Personen und Organisationen – durchaus vergleichbar mit dem, was wir auch heute in der Querdenkerszene vorfinden.

Zu Ihrer Frage, wie ich da vorging: Wie gesagt, man kann bei stark überwertigen Ideen nie ganz ausschließen, dass sich da eine Art Prodromalphase einer sich herannahenden Psychose zeigt, was demnach in den psychiatrischen Zuständigkeitsbereich fiele – und ganz generell befindet man sich auch als Vertrauensperson im Universitätsbetrieb gerade bei psychiatrischen Problemen nicht im idealen Setting, um eine Zuweisung zur fachärztlichen Hilfe nahezulegen; zumal das dieser Student auch gar nicht wollte.

Ich habe damals dennoch versucht, diesen Studenten zu ermutigen, zumindest die Möglichkeit in Erwägung zu ziehen, dass er sich irrte. Vor allem aber wollte ich ihn ermutigen, sich die Option offenzuhalten, nach dem erwartbaren Nichteintreten des prophezeiten Polsprungs die Arbeit an seiner Diplomarbeit wieder aufzunehmen. Ich wollte ihm also einfach zeigen, dass sein Freiraum größer war, als er bis dahin vielleicht angenommen hatte – und ihm signalisieren, dass ich ihn nach dem Stichdatum des erwarteten großen Wandels gern dabei unterstützen würde, wieder in seine wissenschaftliche Arbeit zu finden. Allerdings fruchtete dies alles nicht; und so war ich nicht wirklich überrascht, als ich ihn Jahre später eher zufällig wiedersah, als ich eine Reportage über die heutige Wiener Querdenkerszene anschaute.

Sie sehen also – mehr als meine offen bleibende Tür und gutes Zureden konnte ich nicht bieten und es hat auch anscheinend nicht viel gefruchtet. Tatsächlich wäre ich – jetzt einmal von möglichen in das psychiatrische Gebiet fallenden psychotischen Aspekten abgesehen – dankbar für weitere gute Hinweise darauf gewesen, wie man in solchen Fällen am besten verfährt.

Kommunikation mit „schwierigen Klienten"

Lukas: Ich kann an dieser Stelle ein paar Kurzhinweise zur Kommunikation mit „schwierigen Klienten" einflechten.

Hinweis 1: Die Imaginationskraft ist eine urmenschliche Kapazität. Erforschungen und Erfindungen beruhen auf ihr. Hätte sich nicht jemand innerlich ein Auto vorgestellt, bevor es eines gegeben hat, hätte es niemals eines gegeben. Allerdings lodern sozusagen zwei „Imaginationsfeuer" in uns: das Feuer unserer Befürchtungen, Sorgen, Entrüstungen und das Feuer der Liebe, Begeisterung und Visionen. Ein kluger Berater wird nicht nur bemüht sein, bei seinem Gegenüber das „Feuer der Liebe" zu nähren, sondern vor allem seinem Klienten zeigen, wie dieser selbst „Brennholz" der richtigen Flamme zuführen kann. Unser Gehirn ähnelt einer gigantischen Suchmaschine und beschäftigt sich mit dem, worum unsere Gedanken kreisen. Deswegen macht es einen großen Unterschied, ob bedrückende Nachrichten am laufenden Band konsumiert werden, deren Inhalte man ja doch nicht ändern kann, oder ob man sich eigene kleine sinnvolle Ziele und Aufgaben ausmalt gemäß dem Bonmot von Mahatma Gandhi: „Sei du selbst die Veränderung, die du dir wünschst für diese Welt!"

Hinweis 2: Endlose Jammereien sind strikt zu unterbinden. Wenn man liest, dass jeder Dritte bei uns an einem psychischen Defekt kränkelt, neunzig Prozent aller Beziehungen auseinandergehen, drei von vier Erwachsenen mit ihrem Aussehen unzufrieden sind und dergleichen mehr, und dies alles in einem hochprivilegierten Land mit noch erheblichen Chancen auf relatives Wohlbehagen, dann kann man nur den Kopf schütteln. Ich bin für null Akzeptanz unnötiger Klagen. Zum Beispiel fällt häufig das Wort „ich muss" im falschen Kontext. „Ich muss morgens Frühstück machen", „Ich muss bis spät am Nachmittag arbeiten", „Ich muss meinen Sohn vom Kindergarten abholen" etc. Niemand wird dazu gezwungen. Genau genommen tut man es freiwillig und noch dazu, weil man es für sinnvoll erachtet zu frühstücken, zu arbeiten, den Sohn zu begleiten. Folglich bitte schön: „Ich will …" Das Wort „müssen" ist negativ mit Druck, Unruhe und Stress assoziiert. Das Wort „wollen" ist positiv mit Unabhängigkeit und Eigenentscheidung verknüpft. Darüber ist man nicht ärgerlich, über vorgebliches „Müssen" hingegen schon, und es gilt gemäß dem Bonmot von Kurt Tucholsky: „Das Ärgerliche am Ärger ist, dass man sich schadet, ohne anderen zu nützen!"

Hinweis 3: Manche Menschen tun immer wieder das Gleiche und erwarten, dass sich das Ergebnis ändert. Aber wenn man das Falsche tut, bringt auch Durchhaltevermögen nichts. Ich empfehle, der Verlockung zu widerstehen und nicht zu erklären, warum das Verhalten eines Klienten kontraproduktiv ist und aufgegeben werden sollte. Habits sind zäh, und das Wissen, was *nicht* gut ist, erweist sich meistens als fruchtlos. Fruchtbarer ist ein Anreiz, aus den gewohnten Bahnen auszusteigen und Neues auszuprobieren. Die Neugierde anzukurbeln, ist ein bewährtes Rezept, um Bewegung in festgefahrene Muster zu bringen. Das gemeinsame Jonglieren mit Ideen, das gemeinsame Durchforsten von Möglichkeiten, die jemandem offenstehen, das Erweitern des geistigen Wahrnehmungsradius und speziell das Anschauen dessen, „was nicht wieder nur man selber ist", sind außerordentlich brauchbare Instrumente, um das ständig Gleiche (und Falsche) zu knacken. Die Sinnfrage ist bei solchen „Spielereien" und „Träumereien" leicht hineinzumischen gemäß dem Bonmot von Albert Einstein: „Probleme kann man niemals auf derselben Ebene lösen, auf der sie entstanden sind."

Möchten Sie diese Kurzhinweise aus Ihrer eigenen Erfahrung kommentieren?

Das Gemeinsame über das Trennende stellen

Batthyány: Ich finde sie jedenfalls äußerst wertvoll. Eigentlich kann ich ergänzend nur eine Beobachtung beisteuern – und zwar etwas sehr Naheliegendes, Menschliches, nämlich dass man zumindest versuchen kann, den Blick auf das Gemeinsame über das Trennende zu stellen. Ich vermute, dass zumindest eine nicht geringe Teilmenge derjenigen, die sich in Verschwörungstheorien verrannt haben, zunächst und zuvorderst nur ganz normale Sorgen haben und ein Unbehagen darüber empfinden, was z. B. die Pandemie oder der Ukrainekrieg für unsere weitere Entwicklung bedeuten. Dieses Unbehagen teilen nahezu alle „Parteien"; da tut sich schon einmal eine Begegnungsmöglichkeit auf. Die erste Gemeinsamkeit ist gefunden. Nur werden die Begebenheiten und die Gefühle, die sie auslösen, eben ganz unterschiedlich interpretiert. Über diese Interpretationen zu streiten, ist, wie Sie sagen, wohl tatsächlich überhaupt nicht zielführend. Wir wissen ja aus der Einstellungsforschung, dass Kritik oft bloß das Festhalten an der eigenen Position verstärkt (Phänomen der „Reaktanz"). Aber immerhin kann man gemeinsamen Boden finden in der Sorge um den Ist-Zustand der Welt – das eint bzw. bringt einander zumindest näher.

Zudem sagt uns die sozialpsychologische und soziologische Forschung, dass einige von denen, die zu gegenwartspolitischen Fragestellungen extreme Positionen vertreten, häufig ein besonders ausgeprägtes gesellschaftliches Interesse und Engagement zeigen: Man teilt immerhin ein Unbehagen, man teilt eine gewisse Verunsicherung, und man teilt ein reges und echtes Interesse an der Welt und ihrem Schicksal.

Nur müssen wir realistisch bleiben – sicherlich gibt es hier auch gewisse Grenzen: Wenn das Gespräch vollends eine rationale Zugänglichkeit verliert, braucht es schon eine gehörige Disziplin und viel diplomatisches Geschick, um nach wie vor nach Gemeinsamkeiten zu suchen, auf deren Grundlage eine Begegnung möglich bleibt. Allerdings muss ich gerade bei diesem Thema immer wieder an Viktor Frankl denken. Als ich noch in meiner Studentenzeit sein privates Archiv durcharbeitete, kamen mir gelegentlich in seinen Korrespondenzmappen Briefe von Holocaustleugnern oder Revisionisten unter, die schlicht und ergreifend nicht glauben wollten, dass das, was Frankl in „… trotzdem Ja zum Leben sagen" und andere KZ-Überlebende berichteten, wirklich so stattgefunden habe. Wie ich nun aus der Arbeit im Privatarchiv und im Nachlass weiß, war Frankl selbst in solchen Fällen nicht bereit, diese Menschen aufzugeben. Er hat diese Briefe also nicht etwa einfach im Papierkorb entsorgt, sondern sich vielmehr die Mühe gemacht, ihnen zu antworten. Er machte ihnen ihre Unwissenheit und Verblendung also nicht einfach zum Vorwurf. Vielmehr hat er sich ihre Position und ihre Anliegen angehört (bzw. sie gelesen) und ihnen dann Zug um Zug von seinen eigenen Erlebnissen – oder den Erlebnissen und Schilderungen anderer – erzählt. Er hat Zeugnis gegeben. Bisweilen hatten diese Korrespondenzen beinahe therapeutischen Charakter. Kurzum – man hätte es Frankl kaum verübelt, wenn er derartige Zwischenrufe einfach ignoriert oder unwirsch auf sie reagiert hätte. Aber was tat er? Das Gegenteil. Er hat sich sozusagen den „Menschen hinter dem Irrtum“ zugewandt und ihnen behutsam und geduldig zu helfen versucht, den Tatsachen in die Augen zu sehen.

Und als in den frühen 1990er Jahren die Zahl rechtsextremer Ausschreitungen in Ostdeutschland überhandnahm, war Frankl einer der ersten, die dazu aufriefen, den „Dialog nicht abzubrechen“, sondern vielmehr einen „echten Dialog zu suchen“, weil die Betroffenen ansonsten Gefahr laufen würden, „für diese Gesellschaft ganz an ihrem Radikalismus verloren zu gehen“[22]. Er trat dafür ein, diese Menschen davor zu bewahren, sich so zu verrennen, dass es kaum mehr einen gangbaren Weg zurück geben würde. Vielleicht kann – ja sollte – einem also auch hier Frankl als Vorbild dienen.

Vom guten Umgang mit sozialen Medien

Lukas: Ich habe oft darüber nachgedacht, wie es gelingen kann, „Menschen davor zu bewahren, sich zu verrennen". Anscheinend wird dies immer komplizierter. Die technischen Möglichkeiten und Moden haben sich seit Frankls Tod rasant geändert. Er hat zwar die Anfänge des Internets noch miterlebt, aber die Wucht, in der die Digitalisierung in unsere Welt eingebrochen ist, hat er vermutlich kaum geahnt. Behauptungen, Inszenierungen, Gefühlsexplosionen, Dialoge über sämtliche Pro und Contra sowie Halb-, Viertel- oder Fastwahrheiten kursieren heutzutage kreuz und quer durchs Netz, und jeder kann sich bedienen und herauspicken, was ihm und seinem seelischen Zustand gerade taugt. Wollte man nach Frankls Manier korrigierende Zeugnisse dazufügen, müsste man damit rechnen, dass sie in der ungeheuren Informationsflut versanden. Die „Glaubensfreiheit", die einst ein Riesenzugewinn im religiösen Kontext war, wendet sich wie die Geister des Zauberlehrlings gegen ihre Erfinder: Im virtuellen Raum ist unlimitiert alles zu glauben erlaubt – jeder Blödsinn hat seine Befürworter, seine Lobby und seine Anpreisungen.

Wahrscheinlich denken Sie, ich bin zu alt, um mit der neuen Epoche Schritt zu halten, und das stimmt auch bis zu einem gewissen Grad. Hundertmal hat man mir erklärt, welch gigantische Vorteile mit der Digitalisierung verknüpft sind, und ich bin ja lernbereit. Trotzdem komme ich dank meiner therapeutischen Brille nicht umhin, Nachteile zu erspähen. Da stand zum Beispiel in der Tageszeitung „Der Standard", Agenda Psychische Gesundheit, vom 3./4. Dezember 2022 zu lesen, dass der „Mental Health Trend" auf Social Media die Riege der Schulpsychologen in helle Aufregung versetzt. Warum? Die Psychologin Beatrix Haller klagt:

> „Immer mehr Influencerinnen und Influencer teilen ihre psychischen Erkrankungen mit ihren Followern … Auf Instagram oder Tiktok werden Bilder und kurze Videoclips gezeigt. Bilder emotionalisieren viel stärker als ein geschriebener Text. Vor allem bei Teenagern, die bereits in einer Krise stecken oder erste Symptome einer psychischen Erkrankung aufweisen, können solche Beiträge die Krise noch einmal verstärken … Es werden verstörende Dinge wie Eigenverletzungen und mehr gezeigt … und das kann Nachahmungen auslösen …"

Aus einer Studie der Donau-Universität Krems geht hervor, dass jeder zweite junge Mensch ab 14 Jahren Anzeichen von Depressionen aufweist, jeder sechste (im wohlhabenden Europa!) bereits mit Suizidgedanken gespielt hat und dass viele dies eben auf Instagram oder Tiktok demonstrieren – man sieht sie mit Tränen in den Augen oder sich ritzend … In zigtausend Videos diagnostizieren Jugendliche bei sich selbst psychische Trendkrankheiten: besonders häufig Depressionen, Angststörungen, Autismus-Spektrum-Störungen oder das Aufmerksamkeitsdefizitsyndrom (ADHS).

Die Gefahr von Nachahmung

Man muss nicht Frankl studiert haben, um die immense Gefahr von Feedbackprozessen zu wittern, die in einer solchen Massenveröffentlichung von seelischen Unausgewogenheiten schlummert. Aber wenn man Frankl studiert hat, erschrickt man zusätzlich. Hat doch er schon zu seiner Zeit hervorgehoben, dass umso mehr Suizide geschehen, je häufiger über Suizide berichtet wird. Hat doch er schon vehement davor gewarnt, Menschen medial mit „Sinnleere“ zu infizieren, anstatt sie dagegen zu immunisieren. Alles Unschöne und Traurige, das akzentuiert wird, setzt sozusagen eine „Me too-Bewegung“ in Gang, die keineswegs den realen Relationen entsprechen muss, weil sie das ebenfalls existierende Schöne und Erfreuliche zum Verblassen bringt und den Anschein erweckt, als gäbe es bloß noch jenes Unschöne und Traurige – was logischerweise immer bedrückter macht. Man könnte einwenden, dass Aufdeckung ehrlich ist, dass die Offenlegung über psychische Leiden entstigmatisiert und dergleichen, aber nichts rechtfertigt einen Schaden en gros, der schnell angerichtet, aber keineswegs schnell behoben ist. Spätestens seit Frankl wissen wir, was sich bereits im Ersten Testament, aber auch in den östlichen Religionen findet, nämlich dass sich der Mensch in das hineinverwandelt, was er denkt und tut oder nicht tut. Aus Handlung wird Haltung, und aus Haltung heraus wird gehandelt. Wer somit die Haltungen vieler Menschen beeinflusst, verlockt zu entsprechenden Handlungen und umgekehrt. Darin liegt eine erhebliche Verantwortung.

Gerade was junge und noch unreife Personen betrifft, ist das neudeutsche Wort „Influencer“ passend und zugleich alarmierend. Sie hören kaum mehr auf Autoritäten, sie zweifeln an den Argumenten der Erwachsenen, aber was ihnen die Gleichaltrigen vorkauen, das nehmen sie in ihrer Rat- und Hilflosigkeit gerne als bare Münze und Orientierungsmaßstab. Und so stimulieren sie sich gegenseitig zu Schwäche und Kummer. Aber Autoaggression ist genau wie Aggression keine Lösung. Wie könnte man die Jugendlichen stärken und dagegen immunisieren?

Würde man den Unsrigen vor Augen halten, dass sie – im Unterschied zu Millionen Kameradinnen und Kameraden in anderen Erdteilen – genug zu essen, ungehinderten Zugang zur Bildung, reichlich Arbeitsmöglichkeiten, die Erlaubnis zur freien Meinungsäußerung und eine prima ärztliche Versorgung haben, würde dies vermutlich nichts nützen. Sie würden es mit einem Achselzucken als bloße Beschwichtigungsstrategie abtun und auf die dräuenden Gräuel einer unsicheren Zukunft verweisen. Würde man sie härter anpacken und ihnen erläutern, dass speziell bei dräuenden Gräueln und einer unsicheren Zukunft keine weinerliche Generation, die im Selbstmitleid schwimmt, gebraucht wird, sondern dass beherzte, tapfere Mitstreiter um eine lebbare Zukunft nötig sind, die situationselastisch auf die Überwindung der herbsten Probleme hinarbeiten, würden sie sich wahrscheinlich dagegen verwahren, den Müll wegräumen zu sollen, den ihnen ihre Vorfahren hinterlassen haben. Verweigerung ist stets leichter als Ärmel aufkrempeln und tun, was nottut.

Man müsste sie schon mit einer geballten Ladung an Sinnfülle konfrontieren, zur Begeisterung für das Sinnvolle aufrufen, um ihre Potentiale zu entfachen, die sie zweifellos in sich tragen – denn wer kann die Welt, wenn schon nicht retten, dann wenigstens glätten, wer kann Umschwünge im Sosein und Dasein erzielen, wenn nicht die jungen und nächsten Generationen? Sie sind ja die Hoffnungsträger von morgen. Aber wie macht man das? Das ist meine brennende Frage: Wie kann man in unserem digitalisierten Zeitalter Menschen gegen Sinnleere (in jeder Verkleidung) immunisieren und mit Sinnfülle (in jeder Diversität) infizieren?

Das Negative ist lauter

Spontan fällt mir dazu ein, dass man schließlich auch vermehrt über Positives und Nachahmenswertes im Netz berichten bzw. sich für eine Gedankenverbreitung im Konstruktiven engagieren könnte. Das wird auch vielerorts versucht. Doch warum mit so mäßigem Erfolg?

Das Geheimnis ist leicht zu lüften. Weil uns die Natur diesbezüglich nicht hilft. Sie hilft uns oft und reichlich, aber in diesem Punkt wirft sie uns geistbegabten Wesen einen Knüppel vor die Füße. Denn die Gesetze der Natur stehen allesamt im Zeichen des Überlebens und erheben keinen ethischen Anspruch. Dass z. B. ihren Gesetzen zufolge der Stärkere siegt und der Schwächere ausgemerzt wird, kollidiert mit den Vorstellungen eines sozialen Gemeinschaftsgefühls. Ein ähnliches biologisches Gesetz, das gemeinschaftliches Zusammenleben belastet, ist das Faktum, dass Negatives mehr auffällt als Positives. Und dies ist noch vorsichtig ausgedrückt, denn Positives fällt einem Lebewesen oft überhaupt nicht auf. Eine Katze etwa registriert sofort, wenn sie Hunger hat, aber sie bemerkt Sattheit nicht. Ein Wanderer spürt eine aufgeschürfte Ferse sofort, aber er denkt an alles andere als an seine Fersen, solange sie okay sind. Schmerz wird registriert, Schmerzfreiheit nicht. Der Zweck dieses Prinzips ist einfach zu erraten: Die hungrige Katze soll sich auf Futtersuche begeben, und der Wanderer soll sich um Wundsalbe und Pflaster für seine blutende Ferse kümmern. Ist hingegen alles in Ordnung, braucht man sich um nichts zu bekümmern, so die naturgegebene Doktrin.

Dieses Prinzip verteilt Stolpersteine: In unserem Bewusstsein sammeln sich mehr Unerquicklichkeiten an als Erquickliches. Auf diesem Hintergrund beschäftigen sich auch die Nachrichten eher mit Unglücken als mit Glücksfällen. Auf unsere Psyche prasselt ein, was an Schlechtem in der Welt ist, und das Gute ruht im Verborgenen. Es verschieben sich, wie gesagt, die Relationen auf ungünstige Weise, und das muss verkraftet werden. Aber nicht nur das. Auch unser Miteinander gerät aus der Balance. Ist man zum Beispiel von Freunden zu einem Abendessen eingeladen und schmeckt das Menü ausgezeichnet, dann ist man verleitet, diese Tatsache zu übersehen. Man lässt es sich schmecken und plaudert mit seinen Nachbarn, ohne viele Gedanken an das köstliche Menü zu verschwenden. Lobt man die Köchin? In Ausnahmefällen. Meistens vergisst man darauf. Ist jedoch die Suppe versalzen und das Fleisch hart, dann zieht das Übel sogleich die Aufmerksamkeit der Speisenden auf sich. Und die Wahrscheinlichkeit ist hoch, dass ein mehrfacher Protest der Köchin zu Ohren gelangt. So ist es in jeder Berufssparte und in jeder zwischenmenschlichen Beziehung: Vorwürfe werden laut, sobald jemand nicht „funktioniert“, aber achtloses Stillschweigen herrscht, solange jemand „funktioniert“. Die Folge ist, dass jeder Mensch im Laufe seines Lebens *mehr Kritik erntet, als er verdient, und weniger Lob und Dank bekommt, als er verdienen würde.*

Lob und Kritik

Im Individuellen ist das kompensierbar. Haben wir das Prinzip einmal glasklar verstanden, brauchen wir nicht mehr deswegen zu seufzen. Wir können uns souverän darüber hinwegsetzen, indem wir uns bei erhaltener Kritik weniger kränken und uns bei ausbleibender Anerkennung selbst auf die Schulter klopfen. Schließlich sind wir den Urteilen anderer nicht untertan. Unser eigenes Gewissen und innerstes Gespür sei unser Mentor. Wenn es uns ermahnt, ein eigenes Verhalten in Zukunft zu korrigieren, ist das nur empfehlenswert – und sollte es mit unserem Verhalten zufrieden sein, hat es uns gesegnet.

Außerdem können wir etwas aus dem Sachverhalt lernen: Nämlich unseren rein biologischen Instinkten die Weisheit und Willenskraft eines geistbegabten Wesens hinzuzufügen und die Schieflage bewusst auszugleichen. Jeder Mensch erntet im Laufe seines Lebens zu viel Kritik? Nun, von „mir“ nicht mehr! Das „Ich“ kann beschließen, künftig mit Kritik sparsamer umzugehen, großmütiger über die kleinen Ausrutscher anderer hinwegzusehen, ein bisschen mehr zu tolerieren, ein bisschen mehr zu verzeihen, ein bisschen Barmherzigkeit walten zu lassen. Damit nicht genug. Erinnern wir uns: Jeder Mensch bekommt im Laufe seines Lebens zu wenig Lob und Anerkennung. Na, von „mir“ soll er es kriegen! Das „Ich“ kann beschließen, von nun an mehr Lob und Dank auszuteilen, wo desgleichen gebührt. Man muss niemandem schmeicheln, doch Gelungenes darf gewürdigt werden und Wertschätzung darf generös ausgestreut werden. Wie sehr streichelt ein ehrlich gemeintes „Dankeschön“ die Seele!

Wer hat uns in den letzten Monaten unterstützt, getröstet, gestärkt – und wir haben das vielleicht gar nicht bemerkt oder gar als selbstverständlich betrachtet? Wer ist treu an unserer Seite gestanden, hat uns gelauscht, wenn wir reden wollten, hat uns ungestört gelassen, wenn wir Abstand suchten, und hat uns akzeptiert, so wie wir sind? Wer hat Alltägliches mit irgendeiner Nettigkeit garniert? Jetzt sind wir an der Reihe, etwas zu retournieren. Ihr oder ihm rückzumelden, dass ihre oder seine Gabe bei uns angekommen ist, nicht nur real, sondern auch in unserem Bewusstsein. Und wenn wir schon dabei sind, unser Bewusstsein zu erweitern, dann fügen wir in einem intimen Selbstgespräch doch gleich noch hinzu, dass wir auch Beschenkte sind und waren von Gottes Gnaden, längst schon bevor wir selbst nach irgendwelchen Geschenken Ausschau halten konnten.

Im Kollektiven scheint mir das erwähnte Naturgesetz allerdings schwieriger kompensierbar zu sein. Da entfaltet das Negative seine Sog- und Anziehungskraft in sich multiplizierenden Wellen und überrollt jeden Einzelnen, der sich nicht standhaft dagegenstemmt. Aber wie sollen junge Gemüter, noch unfertig wie gerade geschlüpfte Küken, standhaft sein? Womit ich wieder bei meiner Sorge um die „ach so depressive“ heutige Jugend angelangt bin. Wie immunisiert man sie gegen Sinnleere und infiziert man sie mit Sinnfülle? Haben Sie als Vater zweier heranwachsender Töchter dazu eine zündende Idee?

Batthyány: Ich sehe, was Sie meinen. Aber ich muss auch sagen, dass ich oftmals sehr beeindruckt bin von der Ernsthaftigkeit und dem Engagement, mit dem viele junge Menschen die Probleme der Gegenwart in Angriff zu nehmen versuchen. Diese Grundhaltung spiegelt sich häufig auch in ihrem eigenen Verantwortungsbereich wider. Ich sehe das einerseits bei den Studierenden, die ihr Studium in vielerlei Hinsicht so ganz anders angehen als meine Generation seinerzeit. So war es in meiner Studienzeit eher die Regel als die Ausnahme, um einige Semester – oft auch Jahre – länger zu studieren als in der Regel- oder Mindeststudiendauer vorgesehen war. Heute ist es genau umgekehrt.

Da mögen natürlich ein gewisser wirtschaftlicher Druck oder ähnliche Faktoren dahinterstehen; aber auch jenseits dessen sehe ich immer wieder erstaunt, wie leistungsorientiert heutige Studierende sind. Manchmal versuche ich da sogar etwas gegenzusteuern – den Studierenden zu sagen, dass sie diese im Verhältnis zu späteren Lebensphasen noch relativ freie Zeit des Entdeckens der Welt vielleicht auch nutzen mögen, um Seiten- und Nebenstraßen zu beschreiten, die ihnen nicht unbedingt beim Studienabschluss selbst, dafür aber in der Persönlichkeitsreifung, in Allgemeinbildung und Welterfahrung helfen könnten. Mir scheint eine solche Ermutigung, den Blick etwas weiter schweifen zu lassen, bisweilen schon deshalb angebracht, weil sich diese jungen Leute teils einem enormen Druck aussetzen. Vielleicht glauben sie aber auch fälschlich, dass wir einen solchen Druck auf sie ausüben – und umso mehr liegt es an uns Professoren, ihnen etwas von diesem Druck von den Schultern zu nehmen.

Möglich ist auch, dass die allgemeine Beschleunigung hier mit einspielt. So denken wir etwa seit der großflächigen Verfügbarkeit des Internets in anderen Geschwindigkeiten: Man muss nicht mehr tagelang auf die Post warten, man muss, wenn man unterwegs ist, für Anrufe nicht eigens eine Telefonzelle suchen, eine Buchsendung aus den USA dauert nicht mehr Wochen oder Monate, sondern bei E-Books nicht einmal Sekunden, bei Printausgaben auch nur mehr Tage usw. – das sind scheinbar kleine Faktoren, die aber letztlich doch in Summe einen starken Einfluss auf unseren Alltag nehmen. Alles geht schneller; aber es ist zugleich sehr fraglich, ob dieser neue Lebensrhythmus auch dem natürlichen Rhythmus unserer seelischen und geistigen Entwicklung entspricht. Vielmehr scheint da manches aus dem Tritt geraten sein – und das spiegelt sich vermutlich auch in der psychischen Verfasstheit dieser Generation wider.

Die Frage der Inhalte

Eine Altersgruppe darunter, bei den Jugendlichen, mag sich dieses Grundproblem schon wieder anders ausdrücken. Da ist es vielleicht weniger das Tempo als vielmehr der Inhalt. Die heutige Teenager-Generation sieht sich mit einer Vielfalt konfrontiert, die etwas voraussetzt, was der junge Mensch mangels Lebens- und Welterfahrung noch gar nicht in dem nötigen Maße verfügbar haben kann: die Fähigkeit, Informationen vor dem Hintergrund einer gewissen Lebenserfahrung zu bewerten, abzuwägen und kritisch zu hinterfragen. Die ohnehin meist eher halbherzigen Jugendschutzfilter kann man spielerisch leicht umgehen – und schon findet man sich mit Inhalten konfrontiert, die für die Seele eines Jugendlichen oftmals schlichtweg ungeeignet sind.

Kurz: Mir scheint, dass die jüngeren Generationen es heute wirklich nicht leicht haben; daher teile ich auch Ihre Sorge. Aber trotz dieser kritischen Anmerkungen zum Internet muss man auch seine positiven Seiten sehen. Und man muss auch einige Abstriche machen, weil diese problematischen Entwicklungen nicht alleine dem Internet und den sozialen Medien geschuldet sind, sondern eigentlich schon viel früher anfingen. Ich erinnere mich gut daran, als in Deutschland das Privatfernsehen eingeführt wurde und sich die Privatsender, um sich am Markt behaupten zu können, quasi eine Art Wettbewerb an Derbheit, Schrillheit und letztlich Niveaulosigkeit lieferten. Was wurde da gebuhlt um die niedersten Triebe und dunkelsten Gefilde in den Seelen der Fernsehzuschauerinnen und -zuschauer: Schadenfreude, Neid, Voyeurismus, Respekt- und Distanzlosigkeit, Entwürdigung, Gewalt, Beliebigkeit, Gleichgültigkeit, Zynismus. Und eigentlich am schlimmsten: Was für eine seltsame Faszination geht von alledem aus, wenn der Fernseher einmal an ist; und wie viel wertvolle Lebens- und Gesprächszeit geht dabei verloren.

Also ist das Problem der schlechten Inhalte und Einflüsse durch soziale Medien zwar verstärkt – aber ob das etwas wesentlich Neues ist? Schlechte Einflüsse – also im Sinne von Sinnwidrigem, Unmenschlichem, Schädlichem, Lieblosem, Entwürdigendem: Das gab es schon immer; und immer war es daher ein wesentliches Element der Erziehung, junge Menschen nicht von solchen Dingen per se fernzuhalten, sondern sie vielmehr auszustatten mit der Fähigkeit, damit umzugehen und sich von sich aus Sinnvollerem zuzuwenden; zumindest aber einen Ausgleich zu versuchen.

Und vielleicht ebenso wichtig: zu lernen, nicht nur mit der Wahl der konsumierten Inhalte klug umzugehen, sondern auch mit der eigenen Zeit. Denn ich erlebe an unseren eigenen Kindern (und denen von befreundeten Eltern) tatsächlich, dass genau dieser Aspekt eine entscheidende Rolle spielt: Dass soziale Medien bzw. Computer und Smartphones einen dazu verleiten, wesentlich mehr Zeit in virtuellen Welten zu verbringen, als es uns und den jüngeren Menschen eigentlich guttut. Ich nehme an, die meisten Eltern, die das hier lesen, werden diese alltäglichen Kämpfe kennen: Wie bringt man die Kinder weg vom Smartphone, vom Tablet, vom Computer? Nun gibt es zwar mittlerweile Apps, mit denen man die Zugangszeit zu den Geräten einschränken kann, aber Wegnahme allein ist natürlich zu wenig.

Daher bin ich Ihnen sehr dankbar für den Hinweis, dass es auch möglich ist, Konstruktiveres ins Netz zu stellen und den jungen Menschen auf diese Weise zugänglich zu machen. Damit löst man zumindest einen Teil des Problems – nämlich die Frage der *Inhalte*. Diese hängt aber unmittelbar zusammen mit dem Problem des überbordenden Konsums digitaler Medien. Kurz: Man muss wohl auch einfach erneutes Interesse wecken an der Welt da draußen; überhaupt wieder Neugierde wecken am Selber-Entdecken, am Hinausgehen. Das ist ja eigentlich im Kind angelegt! Der vorhin schon erwähnte österreichisch-amerikanische Psychiater Rudolf Allers etwa schrieb einmal sehr schön über die natürliche Neugierde des Kindes und Jugendlichen:

> „Die Welt des Kindes ist eine offene Welt. Das Kind erfährt, dass sich ein noch unbestimmtes, unbekanntes Jenseits (des Bekannten) unaufhörlich erschließt. Davon geben Zeugnis seine Fragelust und Neugier. Das Kind ist in ständiger ‚Transzendenz' begriffen."[23]

Man könnte auch sagen, dass diese Fragelust und Neugier einer Angel oder einem Fangnetz ähnelt – was immer da in der (digitalen oder analogen, natürlichen) Umwelt liegt, wird eingefangen und verarbeitet; und das spricht wiederum sehr stark dafür, dass man in den jungen Menschen die Gabe der Unterscheidung fördern muss.

Die reale Welt entdecken

Und andererseits ist es notwendig, den Kindern und Jugendlichen Zugang zu einer liebevollen, abwechslungsreichen, lebensnahen und persönlichkeitsstärkenden Umwelt zu ebnen, damit sie eine möglichst große Vielfalt an Wertvollem, Lebendigem, „Echtem" einfangen. Das bedeutet ganz konkret: hinausgehen, andere Menschen wirklich sehen und die Kommunikation nicht auf wenige Zeichen oder Symbole reduzieren ... Wenn man nämlich einmal anfängt, hinauszugehen, dann blüht man – Kinder und Jugendliche inklusive – oft erst richtig auf. Das stimmige Gefühl (es ist eigentlich viel mehr als ein Gefühl), das sich da einstellt, sagt uns ja auch, dass wir uns wieder mit dem Lebendigen verbinden.

Um das nun wieder etwas weiter zu fassen: Es gibt in diesem Zusammenhang ein interessantes Alltagsphänomen, das meines Wissens nach noch kaum eingehender von der psychologischen Forschung betrachtet wurde: Wir – übrigens auch wir Erwachsene – gewöhnen uns allzu schnell an unsere Wahrnehmungen bzw. an unsere jeweilige Lebenswelt. Das ist in vielerlei Hinsicht natürlich sehr adaptiv. Aber wenn diese Welt (online oder analog) nun arm, flach oder irgendwie einseitig ist, dann greift unsere Neugier und unsere Freude an der Begegnung mit dem Lebendigen ins Leere. Bei so viel Erlebnis- und Begegnungsarmut bleibt etwas unerfüllt, und manchmal wissen die Betroffenen nicht einmal notwendigerweise, was sie vermissen. Aber dass sie etwas vermissen – das nehmen sie wahr; vielleicht ist auch das einer der Gründe, warum man sich manchmal dabei ertappt, dass man viel zu viel Zeit online verbracht und längst vergessen hat, was man da eigentlich nachsehen oder erledigen wollte.

Ich will diesen Sachverhalt als eine Art Experiment darlegen, das jede und jeder durchführen kann – und das vermutlich jedem von uns in der einen oder anderen Weise bekannt und vertraut ist: Man besuche, nachdem man sich eine Weile in der freien Natur aufgehalten hat, eines der großen Einkaufs- und Freizeitzentren. Hier ist kaum Tageslicht zu sehen. Ist man einmal in diese Welt eingetreten, erinnert einen genau genommen kaum mehr etwas daran, dass da draußen die Natur mit ihrer nahezu unendlichen Erlebnis- und Gestaltenvielfalt aufwartet, während man gerade in einer Kunst-, Ersatz- und Konsumwelt herumspaziert, in der ja eigentlich so gut wie gar nichts echt oder natürlich ist.

Verweilen wir etwas länger an diesem Ort, wird es den meisten von uns zunehmend schwerer fallen, nicht selbst von dieser Ersatzwelt geblendet zu werden; und wenn wir noch etwas länger bleiben, werden wir irgendwann – zumindest vorübergehend – Teil dieser Welt. Die ganze innere und ästhetische Trostlosigkeit dieser Ersatzwelt tritt irgendwann in den Hintergrund. Bald ist sie total vergessen; bald wirkt diese Welt auf ihre Weise sogar ziemlich interessant und faszinierend – im Augenblick faszinierender und schillernder vielleicht sogar als die einst erlebte Ruhe und lebendige Vielfalt der freien Natur. Und schnell ist sie ganz einfach *die* Welt; wir hinterfragen sie gar nicht mehr, obwohl bei etwas nüchterner Beschau praktisch alles an dieser Welt hinterfragenswert ist. Natürlich sind solche Shoppingwelten nicht zufällig derart einnehmend; dahinter steckt eine Menge Forschung zur Konsumentenpsychologie – und man muss wohl unumwunden zugeben: Das funktioniert auch meist erstaunlich gut.

Aber was geschieht in solchen Situationen mit uns? Anscheinend neigen wir nach einer Weile dazu, die Welt, in der wir uns gerade befinden, als *die* gültige und wirkliche Welt hinzunehmen – selbst, wenn wir wissen oder wissen könnten, dass sowohl ihre Wirklichkeit als auch ihre Gültigkeit höchst fragwürdig sind.

Das kann eine ernüchternde Einsicht auch in weiterer Hinsicht sein: Wie viel haben wir zugelassen, weil wir uns daran gewöhnt haben, dass „die Dinge nun einmal so sind“? Wie oft haben wir vergessen, dass wir dem, was wir (und vermutlich andere ebenso) als fragwürdig erkannt haben, eine menschlichere Alternative hätten entgegenstellen können? Es kann andererseits aber auch eine Ermutigung und Anregung sein: Wenn die Welt so „beweglich" ist, dass uns schon ein bloßer Ortswechsel eine andere Lebenswirklichkeit eröffnet, was alles vermag sich dann zu ändern, wenn wir uns innerlich neu ausrichten würden?

Hinaus in die Natur

Wenn wir das unseren Kindern und Jugendlichen vorleben, vielleicht sogar erklären, und sie dazu ermutigen, jenseits vom Bildschirmflimmern, von Mobiltelefonen und Tablets in die Natur hinauszugehen – ich denke, dann wappnen wir sie auch ein bisschen dagegen, sich derart von sich und der Natur zu entfremden, dass sie Gefahr laufen, hinter ihren Talenten, Interessen und sinnvollen Aufgaben zurückzubleiben und sich von virtuellen „Wirklichkeiten" und sozialen Medien verführen zu lassen.

Harald Mori hat – vor dem Hintergrund seiner langjährigen Erfahrungen als Psychotherapeut – dazu eine interessante Beobachtung gemacht, die vieles von dem, was wir hier besprechen, bestätigt:

> „Eine immer häufigere Zeiterscheinung in der modernen Psychotherapiepraxis ist das Phänomen, dass vor allem jüngere Menschen sich kaum für etwas begeistern können. Auf die Frage, was sie wirklich interessiert, was sie fasziniert im Leben, bekommt man immer öfter eine magere Antwort. Viele kennen sich selbst nicht gut und ihre Werte kaum und immer wieder fehlt es auch am ‚Training', an der Sehfähigkeit für Werte, weil diesen Menschen wenige oder keine Werte vermittelt wurden. Es sind hier nicht Werte gemeint, wie sie die Leistungsgesellschaft erwartet – Ordnung, Genauigkeit, Fleiß, Arbeitswillig-

> keit, Lernfähigkeit für neue Betriebssysteme aller Art –, nein: Es geht um Werte, die Lebensqualität bedeuten, Zufriedenheit, echtes Interesse an anderen Menschen oder an dem, was die Welt zu bieten hat, nicht nur Kunst, Kultur, Musik, Literatur, gute Filme, sondern auch das scheinbar Banale, die Natur um uns herum, die es auch in Großstädten zu finden gibt, Tiere, Blüten, Wetterphänomene und vieles mehr."[24]

Ich weiß nicht, wie Sie das vor dem Hintergrund ihrer eigenen psychotherapeutischen Erfahrungen sehen. Aber in dem Zusammenhang der von Harald Mori erwähnten Natur als Sinn- und Lebensquelle fällt mir ein, dass es ja mittlerweile zahlreiche Studien gibt, die etwa nahelegen, dass ein Aufenthalt im Wald messbar positiven Einfluss auf das vegetative Nervensystem hat und auch psychologisch heilsam wirkt.[25] Im Grunde haben wir also einen enormen Heilgarten vor der Haustür, oft nur wenige Straßenbahnstationen entfernt – nicht nur der Entspannung, sondern auch der Anregung und überhaupt einer Wiederverbindung mit dem Lebendigen selbst dienend.

Lukas: Ach, mein lieber Gesprächspartner, bzgl. des Waldes als denkbares „Therapeutikum" machen Sie sich eine Illusion. Dabei gebe ich Ihnen hundertprozentig Recht: Die positiven Auswirkungen eines Waldspazierganges, die damit verbundene Bewegung und das Einatmen von Sauerstoff und Terpenen auf die körperliche und seelische Gesundheit des Menschen sind beträchtlich und längst verifiziert. Aber der Anteil derjenigen Menschen, die davon Gebrauch machen, ist verschwindend klein.

Als ich noch ein Kind war, waren die Wälder rings um Wien an den Wochenenden beliebte Ausflugsziele. Kinder und Jugendliche tobten sich darin vergnügt aus, und die Eltern und Großeltern stapften, Butterbrote und Regenschutz in ihren Rucksäcken, plaudernd hintendrein. Man freute sich über jedes Frühlingsblümchen, jeden Föhrenzapfen und jeden durchblitzenden Sonnenstrahl zwischen den Zweigen und rastete zufrieden auf Moospolstern. Freilich hatten es die Nachkriegskids leicht, ihre Wohnzimmer zu verlassen. Außer einem alten Radio, ein paar Leihbüchern und vielleicht noch Spielkarten gab es kaum Unterhaltungsmaterial darin. Ich bin froh und glücklich, diese Zeit erlebt zu haben.

Seit sich nach meinen anstrengenden Berufsjahren Zeitfenster bei mir geöffnet haben, nahm ich wieder stundenlange Waldwanderungen auf und verdanke ihnen mit meinen inzwischen über 80 Jahren eine robuste Kondition. Auch verdanke ich ihnen meine besten literarischen Ideen, ähnlich wie Frankl seine genialsten Einfälle hoch oben in seinen geliebten Bergen empfangen hat. Aber ich verrate Ihnen etwas: Heutzutage sind die Wälder praktisch menschenleer! Würde ich irgendwo kollabieren, ich würde wahrscheinlich erst nach Tagen oder Wochen gefunden. Gelegentlich trifft man an Samstagen und Sonntagen Wanderer, fast immer ältere Leute oder Hundebesitzer. Manchmal saust ein Mountainbiker an einem vorbei. In der Nähe von Gasthöfen mit Waldparkplätzen tummeln sich einige Personen, die sich nach einem opulenten Mahl die Füße vertreten. Aber es fehlen vor allem die jungen Leute im Wald. Nun, hie und da gibt es sportliche Jogger. Doch das, was Sie vorschlagen, nämlich eine echte Alternative zum sitzenden Eintauchen in die Bildschirmwelt und dem (physisch starren) schier endlosen Gleiten durch virtuelle Räume ist meines Erachtens nicht mehr zu installieren.

Jedenfalls nicht von außen oder seitens Autoritäten. Wenn, dann müssen wir auf eine Renaissance von innen heraus warten. Es gibt nämlich gewisse geistige Wellenbewegungen in den Gesellschaftsentwicklungen. Einerseits ist der Mensch das Wesen, das sich von allen Geschöpfen vermutlich am stärksten anpassen kann. Nur dadurch war es ihm möglich, den Globus mit seinen unterschiedlichsten Landschaftsformationen rundum zu besiedeln. Andererseits führt Anpassung irgendwann zur Kehrseite Gewöhnung, und Gewöhnung missfällt auf Dauer dem imaginativ lodernden Feuer des Geistes. Sie haben den Gewöhnungseffekt anhand des repetierenden Pilgerns zu Shoppingcitys und Megaevents beschrieben.

Der Wunsch nach Abwechslung

Allerdings ist über Gewöhnungseffekte nicht so wenig geforscht worden, wie Sie glauben. Diese haben zwar ein langes Leben (für manche suchtanfällige Einzelpersonen viel zu lange!), trotzdem steigt mit zunehmendem Anhalten von Gewohnheiten das Sippenmissfallen an ihnen. Es ist, als ob sich Wasser langsam erwärmt, einem Siedepunkt zu. Ist der Siedepunkt bzw. Höhepunkt des Missfallens einmal erreicht, gerät die betreffende Gewohnheit abrupt in Ungnade, und dies durchaus im gesellschaftlichen Kontext. Sie ist einfach nicht mehr attraktiv, nicht mehr „en vogue", und der Wunsch nach Abwechslung überwiegt.

Dadurch kommt es, dass Stile, Moden, Ansichten und Habits wechseln, wenn auch erst nach Dekaden oder länger. Wie lange dauerte z. B. die „Übergewöhnung" an die Klassik in der Musik, bis – genug davon! – zur Romantik umgeschwenkt wurde … Es kann also sein, dass der „Green-Trend", der sich derzeit ökologisch und ökonomisch ausbreitet, irgendwann zu einem Bewusstseinsknick in der jungen Generation führen wird; und sie es von sich aus wieder zu schätzen beginnt, dass in unseren Landen Wälder vor der Haustüre stehen, was ja leider in zahlreichen anderen Gegenden nicht der Fall ist. Dass sie wieder zu schätzen beginnt, diese Wälder frei und munter durchstreifen zu können, statt sich daheim mit Computerspielereien zu langweilen. Dass sie Übergewicht und Trägheit satt hat, so satt, dass sie dem Faulheitsdrang widersteht und sich zu körperlicher und mentaler Beweglichkeit aufrafft. Vielleicht ist diese Vision ein bisschen zu optimistisch. Doch manchmal helfen gravierende Faktoren mit, das Positive neu zu entdecken, und in eine solche Rolle könnte die dräuende Erderhitzung schlüpfen. Sie ist jetzt schon fleißig dabei, unseren Köpfen den simplen Baumbestand als lebensunerlässlich einzuhämmern, und da wird noch einiges an gründlichen Einsichten dazukommen.

Verantwortung einüben

Ich möchte ferner zu einem weiteren Gedanken von Ihnen Stellung nehmen. Sie sprachen davon, dass Jugendliche zu lernen haben, mit ihrem jeweiligen Zeitkontingent klug umzugehen. Na und ob sie das lernen sollten! Aber wie und wo können sie es lernen? In den soeben vom österreichischen Unterrichtsministerium verabschiedeten neuen Lehrplänen ist u. a. der Schwerpunkt „Umgang mit Geld" eingeführt worden. Dagegen ist nichts einzuwenden, wenngleich ich persönlich an erster Stelle den Schwerpunkt „Umgang mit Kindern" vorgeschlagen hätte, denn aus Schülerinnen und Schülern werden später Eltern, und die Elternschaft ist eine sehr verantwortungsvolle Aufgabe, auf die die wenigsten werdenden Mütter und Väter vorbereitet sind. Ist es symptomatisch für unser Gegenwartsdenken, dass „Geld" von allen „Umgängen mit" den Vorrang hat? Und wo bleibt der „Umgang mit Zeit"?

Überhaupt hätte ich, was den „Umgang mit" betrifft, eine Zweiteilung vorgenommen. Man kann Geld, Zeit, Gesundheit, Talente und Ähnliches als *eigenen Reichtum* zusammenfassen und darüber spekulieren, wie man diesen Reichtum vernünftig nützt und nicht sinnlos verschleudert. Man kann daneben aber auch die *kostbaren Güter der Außenwelt* zusammenfassen, die einem mit anvertraut sind, und dazu gehören Angehörige und Nahestehende, Pflanzen und Tiere, mit denen man Kontakt hat, und sämtliche Umweltfaktoren, die man mit beeinflusst. Die Frage, wie wir mit den kostbaren Gütern, die uns tangieren oder von uns tangiert werden, umgehen, ist doch brandaktuell! Die Klammer über dieser Zweiteilung ist der Verantwortungsaspekt, und der ist ein immens wichtiges pädagogisches Anliegen, das meines Erachtens sämtliche Lehrpläne kennzeichnen sollte.

Künstliche Intelligenz und Person

Lukas: Die Schule wird nicht umhinkommen, ihre Aufgabe in Zukunft neu zu buchstabieren. Die künstliche Intelligenz kann mittlerweile alles, was man bislang der Schülerschaft einzutrichtern versucht hat, inklusive Aufsätze schreiben, in Fremdsprachen übersetzen, komplexe Rechenstellungen verstehen und lösen u. Ä. Sie kann jedes Fachwissen herunterrattern und Millionen Daten miteinander abgleichen, was Schülerschaften nie könnten. Sie überrundet die menschliche Intelligenz um Potenzen. Die künftigen Generationen werden lediglich lernen müssen, mit ihr adäquat umzugehen – und schon sind wir wieder bei einem „Umgang mit" gelandet.

Ein Unterricht, der diesen Entwicklungen gerecht werden will, wird gerade *darauf* den Schwerpunkt legen müssen, und da ist der so wichtige „Umgang mit Geld oder Zeit" fast noch ein Nebenfach. Der „Umgang miteinander" wird an erster Stelle stehen müssen, wenn Friedensfähigkeit erworben werden soll (ohne die menschliche Zukunft ja gar nicht stattfinden wird). Unter dieser Überschrift werden dann der „Umgang mit Wut, Zorn und Aggressionen" oder der „Umgang mit Triebhaftigkeit, Sexualität und Begehren" zentrale Themen bilden. Der „Umgang mit Verlockung, Verleitung und destruktiven Angeboten" wird sich zum „Umgang mit Frustrationen, Enttäuschungen und Ängsten" dazugesellen müssen. Ich könnte die Liste beliebig fortsetzen, doch um es abzukürzen: Die „Erziehung zum Menschen" wird sich zunehmend zu ethischen Fragen verdichten bzw. zu der Frage, wie der Mensch sich und seine Welt beurteilt, und wohin er beides steuert.

Die Schule wäre gut beraten, sich bei ihrem dahingehenden Wandel zu beeilen, meinen Sie nicht?

Batthyány: Natürlich stimme ich Ihnen zu, dass wir uns heute in einer Übergangszeit befinden. Die von Ihnen genannten Fortschritte der unmittelbaren Anwendbarkeit künstlicher Intelligenz am eigenen Endgerät – also Smartphone, Tablet, Computer – sind ja tatsächlich sehr neue Entwicklungen und ich bekomme als Vater zweier Gymnasiastinnen unmittelbar mit, wie sehr die Lehrerschaft derzeit noch etwas ratlos versucht, diesen Entwicklungen gerecht zu werden, ihnen meist mit einiger Verspätung hinterherläuft.

Es ist allerdings auch nicht leicht, diese Entwicklungen einzuholen: Man kann etwa KI-Module dazu auffordern, einen Text zum Beispiel über die Nibelungensage oder die Grundlagen der Quantenmechanik zu verfassen, und binnen weniger Sekunden generiert die Anwendung einen gut formulierten, inhaltlich zumeist fehlerfreien Essay zum jeweiligen Thema, der in dieser Form noch nirgends veröffentlicht wurde und daher auch kein Plagiat ist. Es ist zudem derzeit kaum möglich, vom Text selbst auf den Produzenten zu schließen – ob das nun eine Schülerin war, die sich die Mühe machte, selbst zu recherchieren, die Zusammenhänge selbst zu verstehen und die richtigen Formulierungen zu finden, oder ob eine Schülerin diese Arbeit an das Programm delegierte. Und das ist keineswegs auf die Schulen beschränkt. Die Herausgeber wissenschaftlicher Journale etwa haben bereits Regeln erlassen, unter welchen Umständen künstliche Intelligenz bei der Textverfassung von Forschungsartikeln eingesetzt werden darf; dasselbe im Journalismus, aber auch in Künstleragenturen und Musikverlagen. Vermutlich können wir noch gar nicht ermessen, wie diese Entwicklungen – sie stehen ja erst am Anfang ihres zweifellos rasanten Fortschreitens – unsere Kultur- und vor allem auch Arbeitswelt verändern werden. Und vor allem, mit welchen Herausforderungen und potentiell auch sozialen Verwerfungen – zum Beispiel der aus der KI-Revolution resultierenden Arbeitslosigkeit – all dies einhergehen wird.[26] Klar ist jedenfalls, dass sich die Arbeitswelt – und damit auch die Gesellschaft – in absehbarer Zeit grundlegend ändern wird. Ob uns dieser Übergang menschlich gelingt oder nicht, hängt jedoch immer noch weniger von den Instrumenten ab als von uns selbst.

Was bleibt Aufgabe des Menschen?

Jedenfalls werden wir in diesem Zusammenhang auch an ganz grundlegenden Debatten über die Frage nach der Stellung und Bedeutung des Menschen nicht vorbeikommen. Diese Debatten sind zwar noch offen – sie werden auch bislang noch nicht sehr ausgiebig öffentlich geführt –, aber wir können aus Sicht der Logotherapie vielleicht einen kleinen Beitrag dazu leisten: Ich sehe hier nämlich neben allen Risiken auch große Chancen in Bezug auf unser Menschenbild. Das mag zuerst überraschend klingen, weil man womöglich zunächst denken mag, künstliche Intelligenz würde Leistungen übernehmen, die wir eigentlich als exklusiv menschlich betrachten und somit das Menschliche in seiner Besonderheit irgendwie in Frage stellen. Aber tun sie das wirklich?

Eigentlich wissen wir ohnehin schon seit Leibniz – er war der Entdecker des binären Codes –, dass bloße Intelligenz plattformunabhängig ist, also logische Prozesse selbst nicht an bestimmte mechanische oder biologische Systeme gebunden sind. Sie erwähnten es eben: Mathematische Operationen kann schon ein einfacher Taschenrechner tatsächlich besser und schneller lösen als unser Gehirn. Komplexe und grammatikalisch wie inhaltlich korrekte Sätze kann künstliche Intelligenz ebenso produzieren wie wir, sogar komplexe musikalische Figuren wie etwa eine Fuge kann künstliche Intelligenz komponieren – und das Ergebnis beeindruckt sogar Musikwissenschaftler usw.[27]

Aber was bedeutet das alles, wenn wir es auf die zugrundeliegenden Funktionen und Mechanismen herunterbrechen? Zwar hat die Realisierungsgeschwindigkeit und Komplexität und Autonomie von Rechenleistungen aufgrund technischer Fortschritte enorm zugenommen; aber der Sache nach ist es nach wie vor eigentlich nichts Neues, dass viele kognitive, „intelligente" Operationen vielfältig realisierbar sind, also nicht notwendig an organische Funktionen gebunden sind. Wichtig ist daher auch, dass intelligente Operationen gar nicht wesentlich das beschreiben, was den Menschen ausmacht. Käme es primär oder vor allem auf die Intelligenz alleine an, müsste man zur offenkundig irrigen Annahme verleitet werden, ein hochintelligenter Mensch wäre irgendwie „mehr Mensch" als andere. Aber gerade das letzte Jahrhundert der funktionalistischen Reduktionismen hat uns eines überdeutlich gelehrt: Menschen *bedienen* oder *erfüllen* Funktionen. Sie *sind* aber keine Funktionen. Letztere sind austauschbar, sogar plattformunabhängig; Personen aber sind einmalig und einzigartig.

Das kann man auf vielfältige Weise begründen; aber die Divergenz zwischen Intelligenz und Personsein, d. h. Freiheit und Verantwortlichkeit, Wertbewusstsein und Würde, wurde mir eigentlich niemals klarer vor Augen geführt als an dem Tag, als ich einige historische Arbeiten über die Intelligenzverteilung unter den führenden Funktionären des Nationalsozialismus las: Während der Nürnberger Prozesse wurden die angeklagten Nationalsozialisten psychologisch untersucht, unter anderem auch mit Hilfe eines Intelligenztests. Auch wenn derartige Tests immer nur ungefähre Annäherungen an das kognitive Leistungsprofil eines Menschen bieten – sie sind als solche bei aller Ungenauigkeit schon aussagekräftig. Nun zeigte sich aber, dass nahezu jeder dieser Angeklagten einen entweder überdurchschnittlichen oder weit überdurchschnittlichen Intelligenzquotienten aufwies.[28] Und man muss schon sagen: Sie „funktionierten" auch entsprechend; mehr sollten sie ja auch nicht als Funktionsträger. Eines der Merkmale kollektivistischer Ideologien wie des Faschismus ist es ja, den Menschen weniger als eigenverantwortliches Individuum zu sehen, als ihn vielmehr als einen bloßen (und daher auch austauschbaren) Funktionsträger zu betrachten.

Natürlich sprechen wir heute von ganz anderen Zusammenhängen. Nichts ist zu vergleichen, schon gar nicht inhaltlich. Aber derartige Befunde – sie lassen sich auch in anderen kriminologischen Kontexten finden – zeigen doch an, wie wenig Intelligenz und Funktionsfähigkeit alleine bedeuten. Wie sehr es mit anderen Worten nicht alleine auf das Instrument ankommt, sondern vor allem darauf, wie ich ein Instrument (ob nun biologische oder künstliche Intelligenz) anwende; wofür ich sie einsetze: Ich denke, dass wir genau an diesem Punkt zu den eben angesprochenen grundlegenden Debatten über die Rolle des Menschen vordringen.

Freiheit, Wahl und Verantwortung

Die menschliche Eigenart erweist sich also nicht in bloßen Rechenoperationen, auch nicht in dem, was wir in uns selbst an kognitiven, emotionalen oder erinnerungsbasierten „Daten" (oder sonst irgendwo – etwa in unserem schicksalhaften Bereich) vorfinden; sie erweist sich vor allem in der Fähigkeit, von Determinanten etwas abzurücken und *zu wählen* – erstens in relativer Freiheit, zweitens aber auch in Verantwortung für das innerhalb dieser Freiheit Gewählte.

Dieses Prinzip des Geistes als wählende Instanz taucht tatsächlich mit beachtlicher Regelmäßigkeit dort auf, wo das spezifisch Menschliche zum Vorschein kommt – etwa bei wissenschaftlichen Entdeckungen, philosophischen Einsichten oder auch im künstlerischen Schaffen. Das Generieren von Daten ist also erst der Anfang und an sich gar kein notwendig bewusstseinsgebundener Prozess; aber ohne wählende Instanz sind diese so generierten Daten mehr oder weniger konsequenz- und bedeutungslos.

Damit das nicht zu abstrakt klingt, will ich das an einem konkreten Beispiel erörtern: In einem – allerdings apokryphen – Brief beschreibt Mozart seinen musikalischen Schaffensprozess dahingehend, dass ihm fortwährend musikalische Ideen, teils sogar schon fertige Themen einfallen, er aber an diesem Schaffensprozess bewusst gar nicht beteiligt sei. Vielmehr, so schreibt Mozart, kämen ihm Melodien – „woher und wie, das weiß ich nicht, kann auch nichts dazu". Seine geistige Eigenleistung als Komponist bestehe also nicht im Ersinnen von musikalischen Themen, sondern darin, aus den vielen ihm spontan einfallenden Themen jene auszusuchen, die unter ästhetischen Gesichtspunkten „verwirklichungswürdig" seien.[29] Mit anderen Worten sind die Ergebnisse neuronaler (bei Mozart) oder computerbasierter (in der KI) Operationen immer erst noch *Material*, aus dem der Mensch noch zu wählen hat. Hier also beginnt sich das eigentlich Menschliche zu regen; hier beginnt es, sichtbarer zu werden. Ob das zu wählende Material also organisch/analog oder digital generiert wurde, ist in Bezug auf unser

Menschenbild nicht wirklich entscheidend; zumindest ändert sich nichts an den Grundlinien eines non-reduktiven Menschenbilds, wie es etwa die Logotherapie oder ähnlich personalistische Anschauungen nahelegen.

Es gibt tatsächlich viele weitere Spuren in der Kultur- und Wissenschaftsgeschichte, die auf eine solche „Arbeitsteilung" zwischen generierten Wahlmöglichkeiten und wählender Person hindeuten. Ebenso ist etwa der Benzolring von Kekulé einer Traumeinsicht zu verdanken: August Kekulé kam auch nach monatelangem Nachsinnen nicht und nicht auf eine chemisch und physikalisch saubere Lösung, wie denn die jeweils sechs Kohlenstoff- und Wasserstoffatome des Benzols räumlich angeordnet sein mögen – bis ihm im Traum das alchemistische Bild der sich in den eigenen Schwanz beißenden Schlange erschien. Der Trauminhalt war natürlich nicht „bewusst gewählt".[30] Aber seine Reaktion war es. Denn es war auch das Traumbild noch nicht die Lösung seines wissenschaftlichen Problems: Kekulé musste diese vorverarbeiteten Daten erstens in ihrer Relevanz auf die Frage nach der Struktur des Benzolmoleküls erkennen und zweitens überhaupt ein solch leidenschaftliches Interesse an dieser Problemstellung aufbringen.

Und damit haben wir schon einige jener spezifisch menschlichen, also geistigen Aspekte benannt, die durch Rechenoperationen und Algorithmen alleine nicht beschreibbar sind, die genau genommen darin gar nicht vorkommen. Vor diesem Hintergrund kann ich Ihnen nur zustimmen, wenn Sie betonen, dass es nicht alleine auf die Leistungen künstlicher (oder auch biologischer wie in den Studien über die kognitiven Profile der NS-Funktionäre) Intelligenz ankommt, sondern darauf, *wie* wir damit umgehen. Davon hängt alles ab; und weil wir hier unersetzbar sind, hängt in gewisser Weise immer noch alles von uns ab.

Daher denke ich: Wenn wir von der Vergleichbarkeit der Endprodukte der jeweiligen Intelligenzleistungen auf das blicken, was an Motiven, Hoffnungen, Entscheidungen, Werterfahrungen, Liebe, moralischem und ästhetischem Bewusstsein usw. am Ausgangspunkt der jeweiligen Produkte steht, dann wird an der mangelnden Schnittmenge zwischen Intelligenz und dem Geistigen sichtbar, dass beide ihrem Wesen nach nicht unterschiedlicher sein könnten. Sie sind nämlich nicht weniger als *dimensional* unterschiedlich. Das ist ja auch eine der zentralen Einsichten der Frankl'schen Psychologie: Menschsein ist immer ungleich viel mehr als das, was wir an naturalistischen Prozessen und Systemen vorfinden oder herstellen – und dieses „ungleich viel mehr" führt uns wie gesagt geradewegs zu dem hin, was wir in der Logotherapie als die geistige Person, also das eigentlich Menschliche (Frankl sprach vom *Humanum*, sogar vom *Humanissimum*) bezeichnen und was andere, vor allem religiöse Traditionen, als „die Seele" beschreiben.

Karl Popper hat bereits in den 1970er-Jahren in einem Vorgriff darauf, was Computer eines Tages leisten würden, darauf hingewiesen, dass der Computer letztlich auch nicht mehr als ein Instrument sei – ein „intelligenter Bleistift", wie er das nannte. Und letztlich, so auch Popper, kommt es weniger auf den Bleistift an als darauf, wer was mit diesem Bleistift skizziert und schreibt. Popper betonte somit, dass die eigentlich interessanten und relevanten Fragestellungen weniger der Leistungsfähigkeit der Instrumente gelten als der Frage, *wozu* sie eingesetzt werden. Das ist nun eine etwas andere Herleitung, aber unterm Strich betont und unterstreicht das genau Ihre Anregung, dass eine zeit- und zukunftsgemäße Erziehung vor allem darauf wird achten müssen, einen angemessenen

Umgang mit unseren sich stetig erweiternden Möglichkeiten zu finden.

Diese Frage – „wie gehen wir mit unseren Möglichkeiten um?“ – ist zugleich seit jeher eine der Kernfragen der Logotherapie: Welche unserer Möglichkeiten sind verwirklichungswürdig? Was soll werden und was kann und soll mein Beitrag zu dem sein, was wird? Es ist schon beachtlich, wie sehr sich logotherapeutische Prinzipien somit auch da noch bewähren – vielleicht sogar zusätzlich an Dringlichkeit gewinnen –, wo sich große technische und damit einhergehende gesellschaftliche Umbrüche abzeichnen.

Sinn und Geist

Lukas: Ja, die logotherapeutischen Prinzipien gleichen einer Essenz von verdichteten Menschheitsweisheiten, verpackt und serviert in einer philosophisch-psychologischen Schale. Dabei hat Frankl stets zu Demut und Zurückhaltung aufgerufen, was Aussagen über die Entitäten „Geist“ und „Sinn“ betrifft, die das Fundament der Logotherapie bilden. „Sinn“ ist immer nur im Hier und Jetzt einer bestimmten Person in einer bestimmten Situation erfassbar – und es ist schon viel, wenn er richtig erkannt wird, denn leider halten wir manchmal etwas für sinnvoll, was es nicht ist. Trotz der Soufflierungen unseres „Sinn-Organs“ Gewissen bleibt stets ein Rest an Ungewissheit übrig.

Und der „Sinn des Ganzen“ ist uns überhaupt nicht zugänglich, weshalb Frankl die Umschreibung „Übersinn“ (= über menschliches Fassungsvermögen hinausreichender Sinn) gebraucht hat. Auch sprach er von einer „Mauer“, hinter die wir nicht schauen können, etwa bezüglich eines „Sinns des Sinns“. Analoge Vorsicht mahnte er zum Geistbegriff ein. Da wir Geistiges nur in Personalunion mit dem menschlichen Leib kennen, dürfen wir es nicht wagen, über „Geist per se“ zu spekulieren.

Ich erwähne dies, weil Frankl die Beziehung zwischen Geistigem und Leiblichem als eine expressive und instrumentale definiert hat. Geistiges will sich ausdrücken und bedarf zu seinem Ausdruck eines „Instruments“, das es eben im Organismus des Menschen gefunden hat. Man könnte somit sagen, dass die Geschichte der Menschheit nicht mit dem Tag begann, als Tiere sich anschickten, Gegenstände als Werkzeuge zu benutzen, sondern an dem Tag begann, als „der Geist“ sich anschickte, einen gut genug entwickelten tierischen Körper zu seinem Werkzeug zu machen. Wenn das stimmt, könnte „der Geist“ eines fernen Tages theoretisch auch einen gut genug entwickelten Roboter zu seinem Werkzeug machen – um an Ihre Kommentare zur künstlichen Intelligenz anzuknüpfen. Nur dass der Roboter dann kein Roboter mehr wäre, sondern eine dem Menschen (intellektuell überlegene, aber) wesensmäßig gleichgestellte Person mit allen Attributen der Willensfreiheit, Verantwortlichkeit und Würde. Schließlich ist durchaus denkbar, dass in den Tiefen des Universums weitere (Lebe-)Wesen existieren, die geistbegabt sind – im Vergleich zu uns sozusagen mit unterschiedlichen „Instrumenten des Geistes“, also mit anderen Körpern. Wer weiß, vielleicht weht „der Geist“ durch das All auf der Suche nach geeigneten Ausdrucksmitteln und -möglichkeiten seiner selbst …

Doch kehren wir zu unserer vertrauten, alten Erde zurück. Ich wünschte, dass das Menschenbild der Logotherapie bekannter und verbreiteter wäre, als es ist. Denn was von dem Selbstverständnis und der Selbsteinschätzung eines Menschen für diesen abhängt, ist enorm. Jedes falsche Selbstbild rächt sich bitterlich. Unzählige Menschen interpretieren sich als Produkte von Erbe, Erfahrungen und Umweltfaktoren, als ausgeliefert ihrem Temperament und ihrer Charakterveranlagung, als Ergebnisse diverser gesellschaftlicher und kultureller Einflüsse, die sie quasi in einer sich gegenseitig befruchtenden Mischprozedur als „Retortenkinder" hervorgebracht hätten. Wenn die Verhaltenstherapeuten bei manchen Patienten eine „erlernte Hilflosigkeit" orten, die es durch gezieltes Training zu beseitigen gilt, so möchte ich ergänzen, dass es auch eine bloß „geglaubte Hilflosigkeit" gibt, eine Ohnmächtigkeit und Untauglichkeit, die jemand sich selbst zuordnet, weil er seine geistigen Kapazitäten übersieht, unterschätzt oder eben einfach nicht an sie glaubt.

Die Realität erkennen oder verkennen

Die Realitätsverkennung ist eine der gefährlichsten seelischen Entgleisungen überhaupt. Sie ist nicht nur das typische Kennzeichen und Kernsymptom psychotischer Erkrankungen (Wahnvorstellungen, Halluzinationen), sondern heizt praktisch jede Persönlichkeitsstörung an. Der Überängstliche fürchtet sich vor Nichtigkeiten. Der Zwanghaft-Skrupulante sieht Gespenster, wo keine lauern. Der Hysterisch-Manipulative glaubt, er müsse nahestehende Menschen erpressen, um von ihnen beachtet zu werden. Der Suchtkranke glaubt, sein Leben ohne sein Suchtmittel nicht ertragen zu können. Der Psychopath ist überzeugt, seine Probleme einzig mit ungezügelter Wut und Gewalt lösen zu können. Und so geht es fort. Ein Großteil psychotherapeutischer Beratung und Behandlung zielt darauf ab, Realitätseinschätzungen zu nivellieren und, wenn machbar, zu korrigieren.

Bei den Psychosen ist dies nicht ohne medikamentöse Eingriffe möglich. Bei den leichteren Störungen, die man früher unter dem

Sammelbegriff „Neurosen“ subsumiert hat, können behutsame sokratische Dialoge bei den Betreffenden eine heilsame Nachdenklichkeit erzeugen: „Stimmen meine Ansichten wirklich? Oder irre ich mich am Ende?“ Wer bereit ist, seine Ansichten gelegentlich zu überprüfen, hat die Chance, der Realität ein kleines Stück näherzukommen. Im Leben sahnen einzig diejenigen die Gratifikationen ab, die äußere und innere Sachverhalte gedanklich angemessen abbilden können.

Während der Vorsorgequarantäne in der Coronazeit traf ich eine 80-jährige Dame in einer Seniorenresidenz. Sie wohnte gemeinsam mit ihrem Mann in einem Drei-Zimmer-Appartement. Aus ihren Erzählungen wusste ich, dass die beiden wohlhabend sind und früher traumhaft schöne Reisen in alle Erdteile unternommen haben, bei denen ihr Mann eine Menge Erinnerungsfilme gedreht hat. Ich fragte die Dame, wie es ihr gehe. „Ach“, meckerte sie, „dieses Eingesperrt-Sein quält mich entsetzlich. Ich bin todunglücklich!“ „So?“, stellte ich mich naiv. „Sie liegen nicht im Spital und auch nicht auf der Intensivstation. Sie haben eine nette Betreuerin, die ihnen täglich Lebensmittel und Essenstüten an die Türe lehnt und sich nach Ihren sonstigen Wünschen erkundigt. Sie sind nicht verwitwet und können sich mit Ihrem Mann unterhalten oder zu zweit gemütlich all die Filmaufnahmen anschauen, die die Gipfelerlebnisse Ihres Lebens wie eine Bergkette aneinanderreihen … Wann werden Sie glücklich sein, wenn nicht jetzt?“ Die alte Dame stutzte, horchte auf. Dann sagte sie spontan: „Ja, ja, Sie haben schon Recht. Ich darf mich nicht beschweren. Andere sind viel schlechter dran als ich.“ Damit zog sie sich in ihr Appartement zurück – und ein winziges Stückchen Realitätsverkennung blieb draußen.

Vergleichsweise behutsam ist die Natur nicht. Sie straft Realitätsverkennung unerbittlich. Wenn ein Panther die Breite einer Felsspalte beim Überspringen unterschätzt, stürzt er unweigerlich in den Abgrund. Und auch diejenigen, die ihr Glück nicht beizeiten würdigen, müssen das später büßen.

Wie will ich im Rückblick gewesen sein?

Eine heilsame Nachdenklichkeit kann nicht nur durch einen fremden Impuls initiiert werden. Sie kann sich auch in kontemplativer Stille einstellen. Dazu sei den Leserinnen und Lesern für den Krisenfall eine kleine Übung empfohlen, die ein nachhaltiges Umdenken bewirken kann.

Man bringe sich in eine Ruhelage, schließe die Augen und stelle sich vor, man sei bereits zehn Jahre älter als gegenwärtig. Man verankere sich sozusagen als ältere Frau oder älterer Mann in diesem späteren Datum und überlege, wo man da ist und wie man sich dort eingerichtet hat. Dann blicke man aus jener zeitlichen Vordatierung zurück auf die Jetztzeit und den Abschnitt danach.

Das Procedere ähnelt ein bisschen demjenigen, was Astronomen machen, wenn sie mit ihren Teleskopen den Weltraum durchforschen. Je tiefer sie ins All hineinschauen, desto tiefer schauen sie in die Vergangenheit des Universums hinein, weil das Sternenlicht Jahrmillionen braucht, um auf der Erde aufzutreffen.

Wen also erblickt man von der Zehn-Jahres-Marke aus retour gesehen? Jemanden, der sich zappelig aufregt? Der wild verbissen protestiert? Der vor einem Unheil ohnmächtig kapituliert? Oder gar jemanden, der seine Mitmenschen zusätzlich belastet, mutwillig gefährdet oder sich das eigene Leben schwerer macht, als es sein müsste? Will man diese Frau oder dieser Mann sein, dessen „Sternenlicht" imaginativ bei einem eintrifft? Und wenn nicht – wer möchte man stattdessen sein? Würde es die Seele rühren, eine patente Person zu erkennen, die wie ein Fels in den wogenden Fluten steht, den Widrigkeiten die Stirn bietet, beharrlich erledigt, was es zu erledigen gilt, und trotz aller Sorgen ihr Lächeln bewahrt … Möchte man zu sich selbst sagen können: „Ich bin stolz auf dich! Du hast dich in der damaligen Krise wacker bewährt und einiges daraus gelernt, was dir in den nachfolgenden Jahren zugutegekommen ist, obwohl es schwere Jahre gewesen sind!" Das möchte man? Dann nichts wie: Augen auf und zurück in die Gegenwart! Was sich einem in der Übung enthüllt hat, kann noch wahr werden. Noch ist das „Sternenlicht" der nächsten zehn Jahre nicht auf Schiene, noch entscheiden wir darüber, was es bei seiner Ankunft in der Zukunft über uns berichten wird.

Von der Dialektik zwischen Toleranz und Wahrheit

Lukas: Unser Vorstellungsvermögen ist ähnlich schmalspurig wie unser Seh- oder Hörvermögen. Vom gesamten Lichtspektrum können wir nur einen minimalen Ausschnitt sehen. Vom gesamten Spektrum an Schallwellen nur einen winzigen Ausschnitt hören. Die restlichen Wellen sind zwar apparativ messbar, aber von uns nicht nachvollziehbar. Wir müssen zur Kenntnis nehmen, dass analog unser Vermögen, uns etwas vorzustellen, außerordentlich limitiert ist.

Zum Beispiel können wir uns immense Zeiträume, Entfernungen oder Temperaturen, wie sie im All gang und gäbe sind, überhaupt nicht vorstellen. Da helfen auch physikalische und chemische Formeln nicht. Deswegen dünkt es uns bis auf den heutigen Tag unbegreiflich, dass Materie hauptsächlich aus Zwischenräumen besteht, dass der feste Boden unter unseren Füßen mit hoher Geschwindigkeit um die Sonne rast oder dass sich so minutiös organisierte Lebewesen wie wir aus primitiven Einzellern entwickelt haben. Ganz zu schweigen von unseren divergierenden religiösen Vorstellungen, die alle notwendigerweise unzulänglich sind.

Weil wir uns auch nicht vorstellen können, welchen Werdegang das Leben auf Erden noch nehmen wird – hätte ein Pharao im antiken Ägypten sich vorstellen können, dass einmal ein Mensch den Mond betreten wird? –, und wir selbst unseren eigenen Werdegang nur vage abzuschätzen vermögen, ist es vernünftig, devot eine gewisse Meinungsplastizität zu wahren und sich nicht einzubilden, mit einer einmal zurechtgezimmerten Positionierung liege man absolut richtig. Vielleicht liegen ja andere Leute in manchen ihrer Ansichten „richtiger"? Wie Frankl sehr weise erläutert hat, bedeutet Toleranz nicht, dass man die Meinung eines anderen teilen muss, sondern dass man dem anderen erlaubt, eine divergierende Meinung zu haben. *Errare humanum est* – irren ist menschlich; und Toleranz ist der „Impfstoff" gegen das Virus Radikalismus, das an Ausbreitungsgeschwindigkeit sonstigen Viren leider in nichts nachsteht.

Es wäre eine Erörterung wert, wie man den Spagat zwischen der Treue zu den eigenen Überzeugungen und der Toleranz gegenüber abweichenden Überzeugungen gut schafft, aber vielleicht möchten Sie, lieber Gesprächspartner, sich zu dieser Dialektik äußern?

Batthyány: Bei den Stichworten „Toleranz gegenüber abweichenden Überzeugungen" bzw. „Treue zu eigenen Überzeugungen" fällt mir eine Stelle im Dialog zwischen Pinchas Lapide und Viktor Frankl ein. Frankl geht darin nämlich sowohl auf die erkenntnistheoretischen als auch auf die ethischen bzw. moralischen Dimensionen der Toleranz ein:

> „Sehen Sie, ich habe Jahre, vielleicht Jahrzehnte darum gerungen, eine ausgereifte Formel für Toleranz zu finden. Mich hat folgende Frage beschäftigt, um nicht zu sagen belästigt und belastet: Ob nicht, wenn ich tolerant bin, das zu einem Relativis-

> mus führt, oder ob diese Toleranz nicht sogar von einem Relativismus herrührt. Und nach langem Hin und Her habe ich mich auf folgenden Standpunkt gestellt: Was mein Gewissen sagt, darauf habe ich zu horchen, ich habe ihm zu gehorchen. Es sagt mir, was ich zu tun – oder zu lassen – habe, mit einem Wort, was der Sinn einer gegebenen Situation ist, was sie von mir fordert – obwohl das Gewissen nicht nur ein menschliches Phänomen ist, sondern auch ein allzumenschliches, also irren kann; obwohl ich also nicht weiß und nicht wissen kann und bis zu dem Zeitpunkt, wo ich auf meinem Sterbelager liege, nicht wissen werde, ob das, was mein Gewissen mir gesagt hat, richtig ist."[31]

Nun ist es ausgesprochen interessant, dass Frankl sich in diesem Absatz gar nicht lange mit der rationalen Begrenztheit des Menschen auseinandersetzt, sondern gleich das Gewissen anführt als Letztinstanz der Erkenntnis. Und zwar ist es vor allen Dingen interessant, wenn man sich vor Augen führt, dass hier ein Wissenschaftler spricht, ein habilitierter Psychiater, Neurologe und auch ein promovierter Philosoph. Eigentlich würde man vor diesem Hintergrund ja erwarten können, dass Frankl vielleicht zunächst über die Grenzen des Verstands nachdenken würde; stattdessen aber geht Frankl bei dieser Frage gleich zur Rolle des Gewissens über. Dieser überraschende Schritt bietet uns eine gute Gelegenheit, die logotherapeutische Wahrheits- bzw. Erkenntnistheorie genauer nachzuzeichnen. Vor ihrem Hintergrund wird nämlich auch das Problem von Wahrheitsanspruch und Toleranz leichter verständlich.

Zunächst zur Wahrheitsfindung selbst: Frankl ist stets für die Position eingetreten, dass Wahrheit uns nicht vollständig verborgen, sondern zumindest dem Prinzip nach erkennbar sei – mehr noch, dass von der Wahrheitserkenntnis oder zumindest dem Bemühen um eine solche Erkenntnis ein moralischer Appell ausgeht. Dass wir als mündige Menschen also nicht nur beliebige Meinungen annehmen und austauschen, sondern uns tatsächlich um möglichst nahe Annäherungen an die Wirklichkeit bemühen können. Das hat interessante Folgen: In dieser Denkschule des Realismus ist es daher etwa nicht möglich, gleichzeitig nach bestem Wissen und Gewissen über einen Sachverhalt zu urteilen, ohne nicht auch die Verpflichtung einzugehen, dabei so etwas wie Wahrheitsfähigkeit in Anspruch zu nehmen. Damit spitzt sich allerdings zugleich auch die von Ihnen angesprochene Frage nach dem Wesen der Toleranz erst recht zu. Dem Realismus zufolge können wir es uns nämlich vor diesem Hintergrund moralisch gar nicht leisten, einer erkannten Wahrheit untreu zu werden.

Warum ist das wichtig? Es fällt gelegentlich in Diskussionen auf, auch unter Studierenden, dass bestimmte Positionen verteidigt oder abgelehnt werden, weil „es sich nicht gut anfühlt, sie zu vertreten"; oder weil die Konsequenzen oder Verpflichtungen, die aus diesen Positionen erwachsen würden, unbequem oder sonst irgendwie als schwierig erlebt werden. Das Rationale alleine scheint also nicht immer sonderlich überzeugend zu sein. Wenn wir etwa von Überzeugungen aus „überwältigenden Gründen" sprechen, müssen wir zugleich auch realistischerweise einräumen, dass diese Gründe nicht immer nur evidenzbasiert oder analytisch sein müssen, sondern manchmal auch einfach unserem Wunschdenken erwachsen können („Rationalisierung"). So gesehen ist es vielleicht weniger verwunderlich, warum Frankl das Gewissen zugleich auch als Instrument der Erkenntnisgewinnung anführt – und damit eigentlich etwas Absolutes oder zumindest Objektives, von dem auch ein starker moralischer Impuls ausgeht: „Bemühe dich um die Wahrheit; bemühe dich zumindest, ihr möglichst nahezukommen und dich nicht alleine durch Wunschdenken leiten zu lassen!"

Ingeborg Bachmann, die seinerzeit nach Ende des Zweiten Weltkriegs als Dissertantin (sie schrieb zu dieser Zeit ihre Dissertation über Martin Heidegger) im Haushalt Frankl in der Wiener Mariannengasse ein häufiger Gast gewesen ist, hat ja ungefähr in diesen Jahren der häufigen Begegnungen mit Frankl ganz in diesem Sinne auch den wichtigen Satz geprägt, dass die Wahrheit dem Menschen zumutbar sei. Das heißt aber auch: Er muss sich ihr stellen *wollen*.

Dem Erkennen muss die Tat folgen

Auch bei ihr finden wir also einen moralischen und sozialen Aspekt der Wahrheitssuche: „Du sollst dich der oder einer Wahrheit stellen, und gelegentlich braucht es Mut dazu." Es geht also nie um das rationale Erkennen allein, sondern stets und vor allem darum, dass vom Erkennen oder Erkennenwollen eine Art Pflicht und Aufgabe ausgeht, auch entsprechende Taten folgen zu lassen. Das hat bei den Genannten ideenhistorisch sicherlich auch viel damit zu tun, dass hier eine Generation über das schwierige Verhältnis von Wahrheitsanspruch und Toleranz nachdachte, die miterleben musste, wie sehr die Unwahrheit bzw. die lebensfeindliche Ideologie des Nationalsozialismus die Menschen blenden und verführen konnte: Diese Ideologie spielte mit der Gewissheit, die *eine*, echte und keinen Widerspruch duldende vermeintliche „Wahrheit" zu verkünden, und brachte doch nur Verführung, Leid, Tod, Schuld und sozialen, moralischen und kulturellen Untergang mit sich.

Man kann vermuten, dass Frankls Auseinandersetzung mit dem Begriff der Toleranz und sein gleichzeitiges Bemühen darum, Toleranz nicht in einen Relativismus abgleiten zu lassen, auch vor diesem Hintergrund so unmittelbar moralisch unter Verweis auf das Gewissen verhandelt wird. Unter diesem Gesichtspunkt wird nämlich Frankls gleichzeitiges Eintreten für einen starken Realismus und einen ausgesprochen großzügigen Toleranzbegriff verständlicher: Es ist das Bemühen um Erkenntnis und Wahrheit ebenso ein moralisches Unternehmen, wie sich eine realistische Erkenntnisbescheidenheit der Wahrheit unserer Irrtumsanfälligkeit stellen muss. Frankl weiter:

> „Gordon W. Allport, der Harvard-Psychologe, hat in diesem Zusammenhang einmal gesagt: ‚We may be at the same time half-sure but whole-hearted', wir können gleichzeitig nur halb sicher sein und uns doch aus ganzem Herzen so oder so entscheiden. Und so meine ich: Ich kann nicht hundertprozentig wissen, ob ich Recht habe oder nicht, es kann genauso gut der andere Recht haben, es kann sein Gewissen Recht haben und nicht meines. Das setzt keinen Relativismus voraus, aber es fördert die Toleranz. Denn dass mein Gewissen irren kann, heißt nicht, dass es nicht eine einzige Wahrheit gibt, sondern bedeutet nur, dass niemand wissen kann, ob er selbst im Besitz der Wahrheit ist oder der andere. Natürlich gibt es nur eine Wahrheit. Nur einer kann Recht haben. Aber niemand von beiden kann wissen, ob jeweils er es ist, der Recht hat, sondern er muss für sich einstehen, das tun, was das Gewissen ihm sagt, aber gleichzeitig einräumen, dass er sich auch geirrt haben kann.“[32]

Schuld, Gewissen und Verantwortlich-Sein

Batthyány: Abgesehen von der Frage, welche Instanz uns letztlich gleichermaßen wahrheitsfähig und tolerant sein lässt – so wahrheitsfähig nämlich, dass wir sogar erkennen können, dass wir als Menschen stets irrtumsanfällig und daher mit einer bestimmten Erkenntnisbescheidenheit gut beraten sind –, scheint es mir wichtig, auch auf einen weiteren Aspekt hinzuweisen. Und das ist die Tatsache, dass aus alledem folgt, dass ich mir selbst gegenüber nicht zugestehen kann, das Gewissen selbst in Frage zu stellen. Mit welcher Instanz könnte ich denn Gewissensentscheidungen oder seine Einflüsterungen bewerten, wenn nicht mit eben jenem Gewissen selbst? Die Folge wäre also eine Art infiniter Regress, wenn ich mittels Gewissen das Gewissen hinterfrage. Ich müsste quasi ein Gewissen hinter dem Gewissen annehmen, das noch bewerten kann oder soll, ob Gewissenswahrnehmungen angemessen sind oder nicht – und ich könnte oder müsste folgerichtig hinter diesem „Meta-Gewissen" noch ein weiteres Gewissen annehmen etc., ad infinitum. Ich wäre somit aber genau genommen nie fertig mit einer Gewissensentscheidung; es wäre kein Letztes – und auch kein Unbedingtes.

Diese Fragestellungen sind nicht nur theoretisch relevant. Sie zeigen nämlich zugleich auch das Problem auf, dass es eben nicht leicht ist, im alltäglichen Leben immer zielsicher auszumachen, ob die Stimme, die ich da wahrnehme, überhaupt die Gewissensstimme ist oder nicht. Ich erinnere mich noch gut daran, wie wir vor über zwanzig Jahren eben diese zentrale Frage in Ihrem Logotherapie-Kurs diskutiert haben. Sie haben uns Studierenden damals einen, wie ich finde, sehr wertvollen Hinweis gegeben: Sie haben sinngemäß gesagt, dass wir in solchen Fällen der Gewissensnot und -unsicherheit auf die Fragen achten sollen, mit denen wir uns innerlich auseinandersetzen, wenn wir nicht recht sicher sind, ob da wirklich ein Gewissens- oder nicht womöglich ein ganz anderer Konflikt vorliegt. Wenn sich die innere Widerrede etwa vor allem um die Frage dreht, was denn andere Menschen über unsere Gewissensentscheidung sagen würden („Werden sie das verstehen? Werden sie das gutheißen? Werde ich dafür Lob oder Tadel einfahren?“), dann könnten wir mit einiger Sicherheit davon ausgehen, dass diese Gegenfragen nicht aus dem Gewissen kommen, sondern anderen Motiven und Anliegen geschuldet sind. Wenn wir aber innerlich mit den Fragen ringen, ob eine Entscheidung oder Handlung oder Unterlassung *an sich* gut, richtig, wertvoll, sinnorientiert sei – ja, dann hätten wir sozusagen die Tonart der Gewissensprüfung vor uns; dem könnten wir folgen. Das ist ein ausgesprochen hilfreicher Rat, für den ich Ihnen sehr danke – zumal ich auch von anderen ehemaligen Ihrer Studierenden weiß, dass auch sie diesen Rat so erlebt haben; er hat sich oft bewährt.

Aber jenseits dessen zeigt uns die phänomenologische Forschung zum Gewissen (u. a. Rudolf Allers und Max Scheler) auch, dass Menschen vor allem dann ihr Gewissen zu hinterfragen geneigt sind, wenn es schlichtweg unbequeme, anstrengende oder herausfordernde Aufforderungen an uns ergehen lässt. Ich glaube, die meisten von uns kennen das – das sind in gewisser Weise jene Situationen, die man auch gemeinhin als Versuchung beschreibt: „Der Geist ist willig, das Fleisch [in logotherapeutischer Diktion: das Psychophysikum] ist schwach."

Man weiß etwa, dass es in einer bestimmten Situation besser und sinnvoller wäre, auf eine bestimmte Weise zu handeln, aber es ist augenblicklich wesentlich angenehmer, unmittelbar bequemer oder auch gewinnbringender, sich gegen dieses bessere Wissen zu entscheiden. Wenn beide Alternativen als Möglichkeiten in unserem Freiraum sind – das eine als Sinnmöglichkeit, das andere als sinnwidrige Möglichkeit – und wir entscheiden uns willentlich und wissentlich für die sinnwidrige Möglichkeit, tragen wir dafür Verantwortung.

Eine Entscheidung gegen das Gewissen ist unter diesem Blickwinkel eine schuldhafte Entscheidung: Wir glauben in solchen Fällen zutiefst, dass wir erkannt haben, dass etwas gut wäre. Und tun es doch nicht. Oder wissen eigentlich, dass etwas falsch ist. Und tun es dennoch. Damit kommt etwas durch uns in die Welt, von dem wir uns ehrlicherweise vor uns selbst eingestehen müssen, dass es Platzhalter für etwas ist, von dem wir wissen, dass es alles in allem besser gewesen wäre, wenn es statt der nun verwirklichten Möglichkeit Wirklichkeit geworden wäre. Das von Allport sogenannte „half sure and whole hearted" meint also aus Sichtweise der Logotherapie, dass vom Gewissen nach Abzug einer generellen Erkenntnisunsicherheit ein unbedingter, unverhandelbarer Appell ausgeht; die Alternative ist Schuld. Denn das Gewissen ist, wie schon der Begriff sagt, das Gewisseste, worüber wir verfügen. In dieser Dialektik zwischen Unbedingtheit des Gewissens und einer relativen Bescheidenheit angesichts der Tatsache, dass wir uns auch irren können, spannt sich dieses Geschehen also auf.

Lukas: Da wir gerade bei der Dialektik von schicksalhaftem Bereich und persönlichem Freiraum gelandet sind, scheint mir der Zeitpunkt günstig, Ihnen eine Frage zu unterbreiten, die für mich einen rätselhaften Anstrich hat. Aber Sie als Philosoph werden des Rätsels Lösung sofort entdecken.

Wo der Mensch schuldlos bleibt

Zunächst dies: Der schicksalhafte Bereich ist logotherapeutisch als jener Bereich definiert, in dem eine bestimmte Person in einer bestimmten Situation keine Wahl hat, somit nichts ändern kann. Keine Wahlmöglichkeit bedeutet: keine Freiheit, keine Verantwortung, keine Leistungsmöglichkeit, keine Schuldmöglichkeit. Letzteres hat Doris Hildesheim sehr deutlich ausformuliert:

> „In meinen Augen lohnt sich ein Blick auf die ‚dunkle Seite' der Freiheit, den Schicksalsbereich: In diesem je individuell ‚gewordenen' Bereich bleibt der Mensch zeitlebens unschuldig. Allen Handlungsoptionen gegenüber, die für ihn individuell faktisch nicht bestanden haben, die ihm unmöglich waren, trägt der Mensch keine Verantwortung. Was immer ihm angeboten, vorgeworfen, angedichtet, genommen und gegeben, kurz, angetan wurde, all dem gegenüber bleibt er unschuldig. Auch als Erwachsener gibt es für jeden Menschen große Bereiche, in denen er unantastbar ist, schuldunfähig bleibt, ganz egal, welche Bewertungen ihm durch seine Mitmenschen widerfahren sind. Müßig, überflüssig und vielleicht auch ein bisschen eitel sind alle ‚hätte ich doch'-Selbstvorwürfe, wenn sie nicht an eine konkrete Handlungsoption in der Vergangenheit

> angebunden werden können. Auch diese ‚Rückseite' des Frankl'schen Freiheitsbegriffs ist von großer Humanität."[33]

Es besteht also ein Konsens darüber, dass man, was die Fakten aus dem jeweiligen schicksalhaften Bereich angeht, nicht schuldig werden kann. Klar ist aber auch, dass man – und zwar jedermann mit hinreichender mentaler Ausstattung – *in* der eigenen Vergangenheit, die inzwischen zum schicksalhaften Bereich gehört, schuldig geworden ist. Schuld gehört unabdingbar zur tragischen Essenz des Menschen hinzu. Betrachten wir jetzt exemplarisch einen gegenwärtigen Augenblick von mir. In diesem Augenblick liegt Schuld in meinem schicksalhaften Bereich, weil ich in meiner Lebensgeschichte Fehler begangen habe. Ändern kann ich dies nicht mehr; meine begangenen Fehler sind zu meinem Schicksal geronnen und geworden. Wir sagten: Was ich nicht ändern kann, daran kann ich nicht schuldig werden. Und doch kann ich auf die begangene Schuld in meinem gegenwärtigen Freiraum verschieden antworten. Ich kann mir durchaus ‚hätte ich doch'-Selbstvorwürfe machen, und sie könnten sogar berechtigt sein. Ich kann meine Schuld bereuen, ich kann aus ihr lernen, ich kann mir eine Wiedergutmachung überlegen, ich kann meine Schuld aber auch ignorieren, vom Tisch wischen oder sogenannten Verursachern fälschlich in die Schuhe schieben. Also kann ich meiner begangenen Schuld gegenüber erneut schuldig werden oder im sinnvollen Umgang mit ihr eben auch nicht – wo bleibt dann die zitierte „Unschuld" angesichts des schicksalhaften Bereichs, in dem meine begangene Schuld wohnt?

Ich bin sicher, dass Sie diesen scheinbaren Widerspruch bravourös entwirren werden.

Batthyány: Ich bin mir nicht so sicher, ob derartige Widersprüche, wenn sie so grundlegende Dinge betreffen wie Freiheit und Schuld, immer notwendig aufgelöst werden müssen. Da wir hier von Dingen und Zusammenhängen sprechen, die schon weit ins innere Fundament der Welt, vor allem der Person und der Werte, vordringen, würde ich sogar bis zu einem gewissen Grad davon ausgehen, dass wir mit derartigen (scheinbaren) Widersprüchen rechnen müssen. Mehr noch – man muss wohl auch damit rechnen, dass diese Widersprüche zumindest innerhalb einer bestimmten Betrachtungsebene bzw. eigentlich Betrachtungsdimension gar nicht auflösbar sind, sofern wir nicht einen Sprung aus dieser Betrachtungsdimension heraus wagen.

Das hat Frankl ja auch sehr klar und eingängig anhand der Dimensionalontologie dargelegt: Bestimmte Phänomene sind und bleiben entweder widersprüchlich oder mehrdeutig – und zwar nicht, weil sie selbst und an sich widersprüchlich wären, sondern deswegen, weil *wir* sie von einer Perspektive aus betrachten, die uns schlichtweg sehr zentrale Daten über diese Phänomene vorenthält. Wären uns diese Daten verfügbar, würde sich der Widerspruch auflösen. Wir können diese Auflösung allerdings nicht sehen, wenn wir nur aus der Binnenperspektive auf sie blicken. In Wahrheit aber messen wir sie nur gewissermaßen mit inadäquatem Messgerät – und dafür projizieren wir das zu verstehende Phänomen auf eine ihm unangemessene Ebene. Frankl:

> „Ein und dasselbe Ding, aus seiner Dimension heraus in verschiedene Dimensionen hinein projiziert, die niedriger sind als seine eigene, bildet sich auf eine Art und Weise ab, dass die

> Abbildungen einander widersprechen. Projiziere ich beispielsweise das Trinkglas, geometrisch ein Zylinder, aus dem dreidimensionalen Raum heraus in die zweidimensionalen Ebenen des Grund- und Seitenrisses hinein, dann ergibt dies in einem Falle einen Kreis, im anderen Falle jedoch ein Rechteck. Darüber hinaus ergibt die Projektion aber auch insofern einen Widerspruch, als es sich in jedem Fall um eine geschlossene Figur handelt, während das Trinkglas doch ein offenes Gefäß ist."[34]

Dass wir auch bei der Frage nach der Rolle von Schuld und Verantwortung gegenüber dem, was in unserem schicksalhaften Bereich liegt, an eine solche (scheinbare) Widersprüchlichkeit geraten, wird uns aus Sicht der Logotherapie daher nicht wirklich überraschen. Immerhin geht es hier um genuin geistige und nicht nur um zeitliche Phänomene.

Bevor ich nun konkreter zu diesem vermeintlichen Widerspruch komme, würde ich daher gern kurz die Gelegenheit nutzen, darauf hinzuweisen, dass wir eigentlich beinahe *immer* hellhörig und aufmerksam werden sollten, wenn wir solchen vermeintlichen Widersprüchen der Existenz begegnen. Es sind nämlich sehr oft „Erkenntnishelfer", auch wenn sie zunächst nur als Grenzsituationen des Wissens oder Erkennens in Erscheinung treten. Solche Grenzsituationen können also, wenn man ihnen nicht gleich mit einfachen Reduktionismen („es ist ohnehin nichts anderes als …") auszuweichen versucht, oft auch Hinweise darauf sein, dass etwas vor uns liegt, was genauer betrachtet werden will. Gelegentlich bedeutet dieses genauere Betrachten nämlich, sich selbst einzugestehen – und dem Phänomen zuzugestehen –, dass man gerade einer Sache begegnet ist, die gleichsam über das bloß Sicht- und Messbare oder den Alltagsverstand hinausragt. Selbst, wenn man den Widerspruch nicht gleich zu lösen imstande sein sollte: Die Erkenntnis, dass man gerade einem Phänomen begegnet, das einen dazu einlädt, einen Blick aus der nächsthöheren Dimension oder Perspektive darauf zu werfen, lädt einen nämlich vor allen Dingen auch dazu ein, eine solche nächsthöhere Dimension überhaupt erst einmal wahrzunehmen …

So viel zunächst als Präambel oder Einladung, mit solchen wirklichen oder scheinbaren Widersprüchlichkeiten behutsam umzugehen, sie auch nicht zu scheuen, sondern als willkommene Chance zu neuen Einsichten zu schätzen. Sie können ein Tor sein zu neuen Denkansätzen und zu tieferem Verstehen.

Ich hoffe zugleich, dass ich mir selbst mit dieser Präambel die Latte nicht zu hoch gelegt habe, dass ich also diesen konkreten (vermeintlichen) Widerspruch wirklich so „bravourös auflösen" kann, wie Sie es mir liebenswürdigerweise zutrauen.

Aber vielleicht können wir das ja gemeinsam erarbeiten: Worin genau liegt der scheinbare Widerspruch und inwiefern könnte ein Blick von einer anderen Perspektive diesen Widerspruch klären? Zum einen ist das, was in der Vergangenheit liegt, unabänderlich. Das ist wohl tatsächlich unverhandelbar. Aber dass etwas Vergangenheit wird, ist schon nicht mehr ganz so eindeutig unverhandelbar; alle Ereignisse nämlich, die durch mein Zutun oder Unterlassen so und nicht anders geworden sind, bleiben auf eine ganz andere Weise mit mir verbunden als jene Ereignisse, die einfach durch eine normale Naturkausalität in die Vergangenheit eingegangen sind.

Um das konkreter zu machen: Wenn mir jemand ein Los schenkt, das einen Hauptgewinn einfährt, dann liegt – bis zur Auszahlung des Gewinns – nichts davon in meiner Hand; weder in der Vergangenheit noch in der Gegenwart. Was ich allerdings dann mit dieser

Gewinnsumme mache – da kommt es auf mich an und auf die Frage, wie ich mit meinen neu gewonnenen Ressourcen und der damit verbundenen Verantwortung umgehe. Gehe ich mit dieser Freiheit unverantwortlich oder sinnwidrig um, werde ich also schuldig im eigentlichen Sinne: Ich hatte mehrere Möglichkeiten (Freiraum war gegeben) und ich habe wissentlich und willentlich entschieden und gehandelt, und vielleicht wusste ich sogar während dieser Entscheidungen und Handlungen, dass ich gerade etwas Sinnwidriges tue. Das bedeutet aber auch: Ich trage Verantwortung dafür.

Verantwortung für Gegenwärtiges und Vergangenes

Diese Verantwortung ist ein grundlegender Teil meiner geistigen Person. Ich *bin* verantwortlich, so oder so. Und zwar in der Gegenwart auch für alle Dinge, die ich getan habe, die also in meiner Vergangenheit liegen. Verantwortlichsein gibt es so gesehen eigentlich immer nur im Präsens: Ich *bin* – sofern es da einen relevanten Freiraum gibt – verantwortlich für das, was ich getan oder unterlassen habe (Vergangenheit), und für das, was gerade ansteht (Gegenwart), und sogar dafür, dass ich der nächsten Generation eine Welt hinterlasse, die lebenswert ist (Zukunft). Das Wofür meiner Verantwortung mag also über die Zeitformen verteilt sein; aber die Tatsache, dass ich verantwortlich *bin*, ist immer gegenwärtig. Ich bin sogar dann dafür verantwortlich, wenn ich längst vergessen habe, was ich getan oder zu tun unterlassen habe.

Die zweite Spur ergibt sich aus einer vermeintlichen Vereinfachung der Sachlage, allerdings ist sie eben wirklich nur vermeintlich: Man könnte an dieser Stelle nämlich auch einfacher sagen, dass der schicksalhafte Bereich einerseits Dinge enthält, die immer schicksalhaft waren, für die ich also nie verantwortlich sein kann.

Und dass er andererseits Dinge enthält, die durch mich Wirklichkeit wurden, weshalb ich für sie verantwortlich bin – es sind sozusagen meine ontologischen, signierten Werke. Ich kann sie nicht einfach weglegen oder leugnen, weil sie eben ein für alle Mal meine Signatur tragen. Und diese Signatur tragen sie immer, ganz gleich, an welchem Ort oder in welcher Zeit sie sich befinden mögen: Jede Tat ist ihr eigenes Denkmal (Frankl); aber vor allen Dingen ein Denkmal mit der persönlichen Signatur meiner Person.

Selbst das wäre unter logotherapeutischen Gesichtspunkten noch nicht die ganze Geschichte. Es gibt nämlich auch Dinge im schicksalhaften Bereich, für die ich zwar gar nicht verantwortlich bin – aber offenkundig bin ich doch dafür verantwortlich, wie ich mit ihnen umgehe. Und nicht nur das: Ich kann sie sogar durch meinen Umgang mit ihnen so verwandeln, dass sie mit einem Male nicht mehr (so) schicksalhaft sind. Was ist damit gemeint? Ich denke hier etwa beispielsweise an die von Frankl sogenannte Pathoplastik – also die Gestaltungsfähigkeit der Person auch von tatsächlich schicksalhaften Erkrankungen: Mögen wir auch auf ihr Auftreten keinen Einfluss haben, zeigt doch die klinische Erfahrung, dass die Auswirkungen (und manchmal auch der Verlauf) der Erkrankung zu einem Teil von unser Haltung und unserer Einstellung abhängt. Wir sind Mitgestalter selbst dann noch, wenn wir uns nicht aussuchen können, welches Material oder Schicksal wir zugespielt bekommen.

Mit anderen Worten: Wir können viel mehr umgestalten und gestalten, als uns oft auf den ersten Blick bewusst ist. Wir können sozusagen einem negativen Schicksal noch etwas „abtrotzen“, ihm also gerade nur so viel Raum geben, wie unvermeidbar nötig ist, und zugleich vom Möglichen und unserer Freiheit noch so viel schöpfen, dass ein Negativum zugleich auf das kleinstmögliche Minimum an Bedingtheit zusammenschrumpft. Und nun können wir versuchen, das auf die Schuld umzulegen, also nicht eine Krankheits-, sondern eine Art Schuldgestaltung in den Raum stellen. Eine solche ist ja eindeutig in der Logotherapie als Möglichkeit gegeben; sie ist ja auch von Ihnen in Ihren Büchern und auch in der Logotherapie-Ausbildung sehr eingehend und feinfühlig behandelt worden.[35]

Vom Umgang mit Schuld

Nun haben Sie aber einen sehr wichtigen Satz ausgesprochen, auf den ich gern noch kurz eingehen möchte. Er lautet: „Also kann ich meiner begangenen Schuld gegenüber erneut schuldig werden oder im sinnvollen Umgang mit ihr eben auch nicht." Ich kann jedenfalls mit und wegen meiner begangenen Schuld erneut schuldig werden, weil sie eben nicht ganz unverhandelbar und unwandelbar im schicksalhaften Bereich liegt.

Die Schuld trägt ja *auch heute noch* meine Signatur – also in der Gegenwart. Denn Schuld bedeutet, dass etwas von mir in die Welt gestellt wurde, das besser nicht dort sein sollte. Oder anders ausgedrückt: Wenn ich verantwortlich bin, dann kann ich auch schuldig sein – und auch das wieder ist vor allem ein Phänomen der Gegenwart (siehe oben); vor allem aber ist es ein personales Phänomen. Es gibt keine abstrakte Schuld; sie ist immer konkret und persönlich.

Also ist die Schuld nicht nur gegenwärtig, sondern sie ist immer etwas von mir; ich kann sie nicht einfach weglegen oder leugnen, als hätte ich nichts mehr mit ihr zu tun. Kurz: In Bezug auf meine Verantwortung weist und zeigt immer alles auf mich *heute*, nicht auf mich *damals*, als ich sinnwidrig gehandelt habe. Und in der Gegenwart kann ich folglich immer noch etwas tun: Wie Sie sagen, kann ich damit sinnvoll umgehen oder sinnwidrig. Ich kann versuchen, das durch mich verursachte Unglück aus der Welt zu schaffen; ich kann, wo das nicht mehr möglich ist, etwas irgendwie ausgleichendes Gutes in die Welt setzen. Und ich kann an meiner Schuld innerlich wachsen und reifen und zumindest ein anderer werden, also etwa darauf achten, dass ich das nächste Mal in einer ähnlichen Situation nicht wieder so handle, dass ich ein weiteres Mal schuldig werde. Denn dann würde ich tatsächlich nicht nur in der gegebenen neuen Situation schuldig sein, sondern auch meiner alten Schuld gegenüber. Dafür bin ich verantwortlich.

Ich finde es übrigens sehr spannend, dass Frankl diese Gegenwärtigkeit und persönliche Dimension der Verantwortung (ich *bin* verantwortlich) mit seinem kategorischen Imperativ der Logotherapie sogar im Konjunktiv zur Geltung bringt:

> „Und so verstehen wir denn auch den kategorischen Imperativ der Logotherapie, der folgendermaßen lautet: Lebe so, als ob du bereits das zweite Mal lebtest und das erste Mal alles so falsch gemacht hättest, wie du im Begriff bist, es zu tun! … Uns will scheinen, als ob nichts den Menschen so sehr und dermaßen instand zu setzen vermöchte, sich seiner Verantwortung bewusst zu werden, wie dieser Wahlspruch."[36]

Nun muss man sagen: Wenn es mittels dieses kategorischen Imperativs sogar möglich ist, Verantwortung und Verpflichtung gegenüber dem Konjunktiv des Schuldigwerdens wahrzunehmen, wie viel mehr geht dann Verantwortung und Verpflichtung aus von Handlungen, die man tatsächlich vollzogen und auf diese Weise in den schicksalhaften Bereich des nun Unabänderlichen gebracht hat? Es erweist sich hier zwar als unabänderlich; aber es bleibt ein letzter – und manchmal gar nicht so kleiner – Rest an Freiheit, weil die Schuld ja immer auch eine Anfrage in der Gegenwart ist.

Nun und drittens – das ist ein etwas abstrakter Gedanke, aber ich würde ihn der Vollständigkeit halber dennoch kurz erwähnen wollen: Bestimmte, und zwar sehr zentrale, grundlegende Aspekte oder Dimensionen unseres Wesens – allen voran die geistige Person – spannen sich gar nicht nur im Raum-Zeitlichen auf. Wenn Frankl etwa davon spricht, dass man geistig „bei jemandem sein kann" und dieses Bei-sein als Bewegung im Geiste gar nicht auf die physische oder zeitliche Präsenz desjenigen, bei dem wir sind, angewiesen ist, dann gilt dasselbe auch im Bereich der Schuld: Die Liebe kann Zeit und Raum übersteigen, weil sie eben viel mehr ist als ein Gefühl. Ebenso die Trauer und ebenso die Schuld – all dies sind ja geistige Phänomene, die uns einerseits vom rein Räumlich-Zeitlichen entbinden (Freiheit), zugleich aber umso mehr ethisch und moralisch in die Pflicht nehmen (Verantwortung).

Mit anderen Worten: Es ändert sich lediglich die unmittelbare Verfügbarkeit desjenigen, gegenüber dem wir schuldig geworden sind – wie sich ja ohnehin fortwährend die Bedingungen des Lebens ändern. Aber es sind diese Phänomene *nie* nur im bedingten Bereich, sondern immer auch im Geistigen, und damit stehen sie sozusagen immer auch im Licht der Freiheit und Verantwortung. Vielleicht darf ich daher vorschlagen, dass wir es so formulieren: Wir werden nicht nur an der Schuld schuldig, sondern vor allen Dingen an jemandem oder etwas und auch an unserem eigenen Gewissen, wenn wir die Schuld leugnen, verdrängen oder gar durch weiteres sinnwidriges Handeln bzw. Unterlassen perpetuieren und anhäufen.

Es gäbe noch sehr viel mehr dazu zu sagen – weil uns das Schuldigwerden und Schuldigsein wirklich mit einigen der tiefsten Fragen der Welt konfrontieren. Schuld setzt Anderskönnen, Freiheit, Wissentlichkeit, Willentlichkeit voraus. Die Beschäftigung mit diesem Thema führt also hin zur Frage nach den Werten und der Natur der Welt – wie unfassbar es eigentlich ist, dass die Welt durch unsere freien Entscheidungen mitgestaltbar ist; wie viel Vorschussvertrauen dem Menschen da geschenkt wurde und wie wichtig daher die Frage ist, wie er damit umgeht ... Ich glaube, wir können realistischerweise nicht erwarten, hier alles zu verstehen, schon gar nicht rational.

Frankl zitierte gelegentlich den Begriff des *mysterium iniquitatis* – dem Geheimnis der Sünde (oder Schuld): Es bleibt ein Geheimnis, es ist im Kern etwas, das unerklärbar bleibt. Nicht nur, warum jemand in einer konkreten Situation so und nicht anders handelte (diese Frage beschreibt einfach die normalen Grenzen des Pandeterminismus). Nein, es gibt jenseits dessen eine grundlegende Frage nach der Natur der Schuld, die wir wohl nicht ganz und vollumfänglich rational erfassen können. Das gilt genau genommen für jedes der drei Elemente der tragischen Trias: Leid, Schuld und Tod konfrontieren uns mit Grenzen des Wissbaren. Und diese Grenzen treten eben bisweilen, wie eingangs festgestellt, als scheinbare Widersprüche zutage.

Aber da, wo der Verstand ins Straucheln kommt, können wir uns getrost unserem Gewissen anvertrauen. Und ist nicht die Tatsache, dass jemand, der schuldig wurde, sich in letzter Ehrlichkeit meist gar nicht damit zufriedengibt, dass das nun unabänderlich im schicksalhaften Bereich liegt, ein Wort und eine Mahnung der Gewissensstimme? Ist das nicht zugleich eine Erinnerung daran, dass wir auch darauf noch zu antworten fähig sind? Dass Schuld also immer auch eine unvollendete Tatsache ist, die noch auf meinen Beitrag wartet?

Lukas: Danke für diese profunden Darlegungen, da habe ich einiges dazugelernt! Es ist wahr, dass sich „Seltsamkeiten" um das Phänomen der Schuld ranken, sogar im psychotherapeutischen Kontext. Zwei fallen mir auf Anhieb ein.

Schuldgefühle und Schuldverdrängung

Seltsamkeit Nr. 1: Schuldgefühle korrespondieren nur mittelmäßig mit einem angemessenen Schuldbewusstsein. Bei vielen Patienten stieß ich auf völlig irrationale Schuldgefühle – bei Angelegenheiten, in denen Schuldgefühle überhaupt nichts zu suchen hatten. „Meine Tochter ist im Turnverein von den Ringen gestürzt und hat sich einen Wirbel des Rückgrats angebrochen", klagte mir eine Mutter. „Hätte ich sie doch nie zum Turnen geschickt! Ich mache mir solche Vorwürfe!" „Ich habe meine Sekretärin gebeten, wegen einer Konferenzvorbereitung abends länger im Büro zu bleiben. Auf dem Heimweg ist sie überfallen und ausgeraubt worden. Jetzt leidet sie unter Panikattacken. Wie kann ich diese Schuld jemals tilgen?", fragte mich ein Geschäftsmann. Weder die Mutter noch der Geschäftsmann waren in die Kunst des Hellsehens eingeweiht, wie sollten sie also die geschilderten Übel vorhersehen?

Selbst bei Grenzfällen übersteigt das Schuldgefühl der Betreffenden oft bei weitem ihr tatsächliches Vergehen, das z. B. nur in einer kleinen Unachtsamkeit besteht. Eine Haushälterin ließ ein Geschirrtuch von der Küchenplatte herunterhängen, dessen oberer Zipfel sich unter einem Topf mit kochend heißem Wasser verheddert hatte. In einem kurzen Augenblick, da sie abgelenkt war, zog ein dreijähriger Knirps am Tuch und verbrühte sich schrecklich, als der Topf über ihn kippte. Zahlreiche Unglücksfälle sind mit irgendwelchen Nachlässigkeiten von Personen verquickt, aber genauso mit fatalen Schicksalsfügungen, und man darf wohl tröstend sagen, dass überall dort, wo keine böse Absicht und kein Gefahrenerkennen der Person vorhanden gewesen sind, von Schuld in ihrer urtümlichen Definition, nämlich als „freies Handeln wider den erkannten Sinn“, nicht zu reden ist. In meinen Gesprächen erklärte ich den Ratsuchenden klipp und klar: Wo Freiheit oder Sinnerkenntnis gefehlt haben, dürfen Schuldgefühle über Bord geworfen werden. Was erlaubt ist, ist die Trauer über ein Malheur, das unbeabsichtigt eingetreten ist, sowie natürlich das Bemühen, zu helfen, so gut man kann.

Zur Seltsamkeit Nr. 1 gehört aber auch die Absenz von Schuldgefühlen, wo sie hingehören würden. Manche Leute scheinen Meister der Schuldgefühlverdrängung zu sein oder haben irgendeinen Panzer um sich geschnallt, durch den Gewissensregungen einfach nicht durchsickern. Nicht nur Hysteriker und Psychopathen zählen zu ihnen, sondern auch Personen, von denen man eine derartige Kaltschnäuzigkeit und Gleichgültigkeit nicht erwarten würde. Es können charmante Personen sein, die sogar Gutherzigkeit vorzuspiegeln vermögen und dennoch auf subtile Art andere betrügen oder schädigen, ohne das geringste Bedauern zu verspüren. Manchmal erzählten solche Personen in meinen Beratungen stolz, wie sie unangefochten tricksen und drehen, um jemanden zu übervorteilen, und dabei straflos davonkommen. Oder wie sie jemanden indirekt in ihren Klauen halten und zum Spaß manipulieren. Wenn ich sie dann fragte, wie sie sich ehrlicherweise dabei fühlen, lachten sie und sagten: „Prima!“ Wenn ich weiterfragte, wie sie sich fühlen würden, geschähe ihnen das Gleiche, das sie anderen antun, lachten sie wiederum. Sie wären nicht so dumm, sie würden sich zu wehren wissen. Gegen das Argument, dass „Dummheit eben leiden muss", bin ich nie richtig aufgekommen. Offensichtlich kann realistische Schuld aus dem Bewusstsein weggeschoben werden, sobald die Idee eingeblendet wird, derjenige, an dem man schuldig geworden ist, habe eine schlechte Behandlung sozusagen „selbst herausgefordert" oder gar „verdient".

Was ist das Gegenteil von Schuld?

Seltsamkeit Nr. 2: Ein Weiteres ist am Schuldphänomen interessant. Weder die deutsche Sprache noch andere Sprachen haben ein eindeutig passendes Wort für ihr Gegenteil. Es gibt kein linguistisches Positivpendant zu ihr. Wenn Schuld „sinnwidriges Handeln" ist, wie nennt man dann „sinnvolles Handeln" mit *einem* Begriff? Ein Vater schlägt sein Kind. Er macht sich schuldig. Ein Vater beschäftigt sich liebevoll mit seinem Kind. Er …? Man könnte umschreiben, er erbringt eine Leistung. Aber der Leistungsbegriff ist allzu stark mit Tüchtigkeit und Karriere verknüpft. Man könnte umschreiben, er erwirbt sich ein menschliches Verdienst. Leider erinnert auch das Wort „Verdienst" eher an Gelderwerb als an Sinnerfüllung. Wir haben eine Akzentuierung dessen, was gefehlt hat, aber nicht dessen, was vorhanden war. Und das ist merkwürdig, denn im Grunde ist Sinnerfüllung unendlich mehr als Sinnverfehlung.

Für mich war der bekannte Satz von Baruch de Spinoza: „Veritas norma sui et falsi est" („Die Wahrheit ist die Norm ihrer selbst und des Falschen") seinerzeit eine Offenbarung. Wie die Wahrheit und das Falsche nicht auf einer Ebene stehen, so stehen auch Gut und Böse, Sinn und Sinnwidrigkeit und alle übrigen Werte und Unwerte nicht auf einer Ebene. Die Unwerte sind ja bloß die Abweichung von den Werten, ihre „Schattenseite“, aber die Werte sind keine Abweichung von den Unwerten, sie sind die „Sonnen“ selbst. Folglich rangieren sie höher als ihre „Schatten“. Das ist nach Spinoza leicht beweisbar: Kennt man eine Wahrheit, so kennt man gleichzeitig sämtliche diesbezüglichen Unwahrheiten. Kennt man hingegen lediglich eine Unwahrheit, kennt man deswegen noch lange nicht die Wahrheit. Meinen Studierenden pflegte ich dies anhand eines Tischpreises zu verdeutlichen. Weiß ich, dass der Tisch 300 Euro kostet, dann kenne ich alle seine falschen Preise. Er kostet nicht 200 Euro, nicht 400 Euro etc. Weiß ich hingegen, dass der Tisch *nicht* 200 Euro kostet, ist mir sein wahrer Preis unbekannt.

Demnach überragt sinnvolles Handeln begangene Sinnwidrigkeiten um Äonen. Es war mir stets ein Anliegen, meinen Patientinnen und Patienten dies in schlichter Form zu vermitteln. Auch wenn es uns an der korrekten Begrifflichkeit zum Gegenteil von Schuld mangelt, das Anständige, Edle, Noble, Würdige und eben dem Anruf des Sinns Entsprechende – und nicht die Abweichung davon – soll unsere Gedanken beherrschen und unsere Gefühle lenken. „Quälen Sie sich nicht so sehr mit Ihrem Schuldbewusstsein“, empfahl ich meiner Kundschaft (rationales und nicht irrationales Schuldgefühl vorausgesetzt), sondern kümmern Sie sich darum, viel Konstruktives und gemeinschaftlich Wohlwollendes nachfolgen zu lassen!“ Am Ende des Lebens wird das getane Gute zählen *und nichts als das Gute*, so meine Überzeugung. Die Gnade kann alles Misslungene durch ein Sieb fallen lassen, aber sie kann kein Gelungenes dazudichten, das nicht vorhanden ist …

Was man allerdings denjenigen rät, die sich keinesfalls mit einem Schuldbewusstsein quälen, sondern frisch-fröhlich drauflossündigen, ist mir schleierhaft. „Ihre Werte sind nicht meine“, sagte einmal ein solches Prachtexemplar zu mir. „Und was sind Ihre Werte?“, entgegnete ich. „Mein Leben genießen", war die spontane Antwort. Wie Recht hatte Frankl, als er anmerkte, dass die pure Lust „wahllos" ist. Ob es sich um eine Lust an einem Tanz, an einem süßen Tortenstück oder um die Lust an einem Ehebruch handelt, ist für den einzig nach Lust Strebenden egal, dazwischen gibt es nur graduelle und keine prinzipiellen Unterschiede. Wer nichts vom Leben will als Lust, hat die Straße der Werte – und damit die Straße der Menschlichkeit – verlassen. Aber kann jemand wirklich „jenseits von Scham" angesiedelt sein?

Von der Doppelfunktion der Scham

Lukas: Das Thema „Schuld“ abrundend deshalb noch ein Wort zur Scham. Frankl hat ihre Doppelfunktion deutlich aufgezeigt. Nämlich, dass nicht jede Empfindung von Scham konkordant ist mit einem konkreten Schuldbewusstsein. Scham übt auch eine Schutzfunktion bei sehr intimen Prozessen aus, von denen Frankl das Lieben, das Beten und das Sterben erwähnt hat. Solche Prozesse sollten seiner Meinung nach nie und nimmer öffentlich zur Schau gestellt werden dürfen. Ich teile seine Meinung.

Dort jedoch, wo Scham tatsächlich im Sog einer Schuldüberführung mitschwimmt, zitierte Frankl Friedrich Nietzsche: „Das Menschlichste ist es, jemandem Scham ersparen!“ Und auch hier ist die Frage der öffentlichen Zurschaustellung nicht ohne Brisanz. Im Zeitalter, in dem die sozialen Medien im Netz Tausende und Millionen Zuschauer und Zuhörer erreichen, per Knopfdruck und in Windeseile, dünkt mich das Gebot „Scham ersparen“ außerordentlich wichtig geworden zu sein. Insbesondere, weil sich inzwischen ein ganzer Markt mit der Erpressung von Opfern durch beschämende Bilder und Videos eröffnet hat!

Und selbst wenn ein Mensch sich verirrt hat, sich zu Korruption, Pornographie oder sonstigen Abwegigkeiten hat hinreißen lassen, darf er nicht mit Füßen getreten und aller Menschenrechte entblößt am journalistischen Pranger festgenagelt werden. Kein Zweifel, er hat sich für seine Schuld zu verantworten, aber eine zusätzliche Beschämung durch ein sensationsgieriges, amüsiertes Publikum ist nicht fair. Es genügt vollauf, wenn er selber sich schämt.

Batthyány: Ja, es ist nicht fair – nicht zuletzt, weil ein solches An-den-Pranger-Stellen den Menschen auf einen Fehltritt reduziert und dadurch so vieles, was diesen Menschen *auch* ausmacht, ausgeblendet und unsichtbar gemacht wird. Dabei wissen oder ahnen wir, dass jegliche Reduktion eines Menschen auf bestimmte Verhaltensweisen, Taten oder Eigenschaften stets nur auf die Oberfläche dieses Menschen blickt und seiner wirklichen Gestalt nie und nimmer gerecht wird. Eigentlich wird man damit auch selbst schuldig an einem anderen Menschen: Man missdeutet ihn; man tut ihm ein Unrecht an.

Die Chance, neu zu beginnen

Es handelt sich auch hier um Auswüchse eines reduzierten bzw. reduzierenden Menschenbilds; es handelt sich vor allem um ein Verkennen der Tatsache, dass die Biographie eines Menschen so lange nicht fertig geschrieben ist, wie er lebt. Und solange sie nicht fertig geschrieben ist, so lange sind überraschende Wendungen möglich; Neubeginne sind möglich; Großes und Wertvolles ist immer noch möglich – es ist nie zu spät.

Ich sage das deswegen mit einer so großen Gewissheit, weil ich letztes Jahr im Rahmen einer von mir betreuten Doktorarbeit ein

Forschungsprojekt begleitet habe, in dem das Phänomen der Umkehr und Lebenswende untersucht wurde. Es wurden Menschen eingehend befragt, die aufgrund falscher Lebensentscheidungen ins kriminelle Milieu abgeglitten waren und während oder nach Verbüßung ihrer Haftstrafe (es handelte sich also um durchaus schwere Straftaten wie Drogenhandel, Körperverletzung oder Totschlag) begonnen haben, sich und ihr Leben neu auszurichten. Es ist diesen Menschen tatsächlich gelungen. Jeder Einzelne von ihnen hat die zumeist pessimistischen Prognosen der Experten, Gerichtsgutachter, Haftrichter, Sozial- und Bewährungshelfer Lügen gestraft. Nun ist es hochinteressant, sich genauer anzusehen, was diesen Menschen geholfen hat: Es war nämlich in gewisser Weise das Gegenteil von der Reduktion auf begangenes Fehlverhalten. In den meisten Fällen war es ein anderer Mensch, ein Partner oder eine Partnerin, die schlicht nicht bereit war, diesen Menschen aufzugeben. Gelegentlich war es aber auch die Tatsache, dass die Betroffenen entweder während ihrer Gerichtsverhandlungen oder während des Verbüßens ihrer Haftstrafe Eltern wurden und mit einem Mal mit der liebevollen Verantwortung konfrontiert waren, die Elternschaft nun einmal im Kern mit sich bringt bzw. die Kinder auf eine ganz natürliche Weise in ihren Eltern wachrufen.

Aber einige der Befragten sagten auch, dass sie trotz dieser Faktoren gerade am Anfang immer wieder innerlich gegen die Idee ankämpfen mussten, dass ihre ehemaligen Fehlentscheidungen auch ihre Zukunft unveränderlich prägten. Dass sie mit anderen Worten nicht nur schlecht *gehandelt* haben, sondern dass sie daher auch ein schlechter Mensch *sind* – ein für alle Mal und unabänderlich – und daher die Liebe, Zuneigung und Hoffnung der anderen nicht verdienten oder zumindest unsicher waren, ob sie sie in dem ihnen entgegengebrachten Ausmaße verdienen würden. Das ist eine ganz eigenartige und höchst destruktive Form von Selbstdeterminismus, die wir bei der Erstellung der Fragebögen auch nach Rücksprache mit Experten auf diesem Gebiet in dieser Form nicht erwartet hätten: Diese Menschen haben sich also in gewisser Weise *selbst* an den Pranger gestellt.

Den Blick auf das Werden richten

Es scheint daher, dass eine menschenwürdige Psychologie auch hier gelegentlich ihre Stimme erheben und den schuldig gewordenen Menschen ermutigen muss: Ermutigen etwa dahingehend, dass seine Lebensgeschichte noch weitergeht, dass eine einmal begangene Schuld als solche gewürdigt und anerkannt werden muss, zugleich aber ebenso gewürdigt werden muss, dass in der Gegenwart nicht nur der Blick zurück auf das Getane zählt, sondern auch der Blick auf das, was *noch zu tun ist.* Also der Blick auf das, was jetzt gerade dran ist, was jetzt gerade von uns abverlangt ist.

Der vorhin bereits erwähnte Gordon W. Allport, einer der Begründer der zeitgenössischen Persönlichkeitspsychologie, hat sein Grundlagenwerk zur Persönlichkeit nicht umsonst mit dem schönen Titel „Becoming" (Werden) versehen: Wir sind immer *werdende* Wesen; das hört bis zum Ende nicht auf. Also lässt sich das, was wir sind, nicht in Momentaufnahmen oder Standbildern festhalten. Es ist ein bewegter Film – und bis zur Schlussszene ist immer alles im Fluss; ist immer noch *alles* offen. Unsere Interviewpartner hatten das große Glück, jemanden in ihrem Umfeld zu haben, der nicht bereit war, sie aufzugeben, auch wenn sie selbst bisweilen kurz davor waren, es zu tun. Aber sie brauchten auch Ermutigung auf eine Zukunft hin, die mehr war als ihre Vergangenheit.

Lukas: Lieber Freund, Sie haben einen wichtigen Themenkomplex angesprochen, der auch mir sehr am Herzen liegt, weil er ein erhebliches Missverständnispotential beinhaltet. Hier einige Ergänzungen:

Beginnen wir mit einem möglichen aufbauenden Einfluss Nahestehender auf Personen, die in irgendein Desaster hineingeschlittert sind. Dass Geduld, Verständnis, Zuwendung und Ermutigung gerade für Personen, die im Sog einer miserablen Vorgeschichte fast manövrierunfähig dahintreiben, ankernde Funktion haben, ist klar. Dennoch ist die denkbare Hilfe seitens gut meinender Laien außerordentlich vielschichtig. Sie kann sich sogar ins Gegenteil verkehren.

Wo der Hilfe Grenzen gesetzt sind

In den Psychiatriebüchern mit älterer Nomenklatur stehen noch die warnenden Sätze, dass „Neurotiker ihre Mitwelt neurotisieren" und dass Angehörige von Abhängigen sich allzu flott in einer Koabhängigkeit verfangen. Diese Aussagen sind keineswegs veraltet. Tausende liebende Frauen haben schon vergeblich versucht, ihre alkoholkranken Ehemänner nur mit beständigem guten Zureden, Bitten und Betteln zum Verzicht auf das Suchtmittel zu motivieren. Tausende liebende Mütter haben schon vergeblich versucht, ihre ausrastenden und auf minimale Anlässe überreagierenden Daueradoleszenten nur mit nachsichtigen Worten und unterstützenden Aktionen in ruhiges Fahrwasser zu lenken. Je mehr einem jemand bedeutet, desto mehr fürchtet man dessen wiederkehrende Fehltritte, insbesondere, wenn sie ihn bumerangähnlich selbst schädigen, und desto verkrampfter bemüht man sich, ihn bei „Laune" zu halten, damit er möglichst zufrieden und unauffällig sein Leben durchkomponiert. Im unaufhörlichen Wechselbad zwischen aufkeimender Hoffnung und neuerlicher Enttäuschung gerät man dabei, so man nicht Nerven wie Drahtseile hat, aus der eigenen Balance.

Ich habe viel Erfahrung mit Angehörigen von Suchtkranken (unter anderem mit Elternkreisen von drogenabhängigen Jugendlichen) und kann versichern, dass ihr Leid grenzenlos ist. Einem Mantra gleich musste ich die betroffenen Eltern immer wieder davon überzeugen, Suchtverhalten nicht aus ebenso grenzenloser Liebe heraus irrtümlich zu verstärken. Monatelang war eine Tochter verschwunden, prostituierte sich, um ihren Heroinbedarf zu decken, dealte, war bei Einbrüchen in Apotheken dabei – und dann stand sie eines Tages völlig verdreckt, ausgezehrt und am Ende ihrer Kräfte vor der elterlichen Türe. Natürlich haben die Eltern sie aufgenommen, aufgepäppelt, ausgestattet … und kaum war das Töchterchen aus dem Gröbsten „auferstanden", plünderte es alles Geld und den Schmuck ihrer Eltern und verschwand wieder in der einschlägigen Szene. Haben die Eltern ihm geholfen? Leider nein. Sie haben der Fortsetzung des Suchtgebarens ihrer Tochter den Weg geebnet. Was hätten die Eltern alternativ tun sollen? Es schaudert einen bei dem Gedanken, dass sie der vor der Türe hockenden jämmerlichen Gestalt hätten sagen müssen: „Steig ein ins Auto. Wir bringen dich in eine Klinik. Wir kommen für deine gesamte Rehabilitation auf. Wir werden all die schwere Zeit, die es braucht, an deiner Seite sein und dir nach der Entgiftung und dem Entzug jeden Neustart ermöglichen, der dir vorschwebt. Aber – wenn du unser Angebot ausschlägst, musst du zurückkehren, woher du gekommen bist. Dann können wir, so sehr wir es bedauern, nichts für dich tun. Entscheide dich – jetzt!" Ist das hart? Ja, es ist genauso grenzenlos hart, wie das Leid und die Liebe der Eltern grenzenlos sind. Doch einzig solche Härte hätte die Chance auf eine Rettung des Mädchens in sich geborgen.

Analog ist Ehepartnern von Alkoholikern zu empfehlen, dem Kranken in einem Moment seiner Ernüchterung zu verdeutlichen, dass er sich professionell helfen lassen muss oder dass er verlassen wird. „Ich liebe dich zu sehr", könnte eine Ehefrau zu ihrem Ehemann sagen, „als dass ich zuschauen könnte, wie du dich ruinierst. Wenn du deine wunderbaren Talente und Fähigkeiten im Alkohol ertränken willst, dann tue es ohne mich. Ich kann diese deine Entscheidung nicht ändern, aber ich will ihre Folgen nicht miterleben. Wenn du hingegen ehrlich bereit bist, den Klauen des Alkohols zu entrinnen und unter ärztlicher Kontrolle an dir zu arbeiten, dann werde ich dich auf dem steinigen Weg in die Abstinenz treu begleiten und bei jedem kleinen Fortschritt riesig stolz auf dich sein." Nicht wenige derjenigen, die das Wunder geschafft haben, sich ihrer Sucht längerfristig zu entledigen, sind einst vom Ehepartner oder Arbeitgeber vor eine derartig krasse Wahl gestellt worden, was sie zur Ernsthaftigkeit ihrer Umkehrabsicht bewogen hat.

Was Frankl im Zusammenhang mit dem Krankheitsbild der Hysterie geschrieben hat: „Wer im hysterischen Theater nun einmal Regie führt, der möge auch für die Regie aufkommen; der Patient soll die Konsequenzen tragen", nämlich dass Patienten für die Konsequenzen ihres Handelns einstehen mögen, was heißen will, dass ihnen diese Konsequenzen nicht wieder und wieder von helfenden Händen abgenommen oder versüßt werden, gilt freilich nicht für sämtliche psychischen Störungen, sondern ausschließlich für jene, die den Kranken immer noch Handlungsfreiheitsgrade offenlassen.

Erpressung und Kapitulation

Ich muss allerdings zugeben, dass es bei Sucht, Psychopathie und Hysterie Kapitulationsfälle gibt. Etwa im oben genannten Fall des heroinabhängigen Mädchens. Es von der elterlichen Türe zu scheuchen, wenn es den Klinikaufenthalt verweigert, kann bedeuten, dass es kurze Zeit darauf tot in irgendeinem dunklen Winkel gefunden wird. Wie sollen Eltern diese Vorstellung aushalten? Dann lieber nachgeben …

Einer meiner schlimmsten Kapitulationsfälle betraf eine hysterische junge Dame, deren alleinerziehende Mutter meinen Rat suchte. Die junge Dame betrieb „somatoforme Erpressung" am laufenden Band, und stets war es die Mutter, die „die Regie bezahlte", um in Frankls Diktion zu sprechen. Ich riet dringend dazu, dies abzustellen, doch Theorie und Praxis sind eben zweierlei. Eines Tages wünschte sich die Jugendliche trotz enger Wohnverhältnisse vehement einen Hund. Die berufstätige Mutter erklärte sich zögernd damit einverstanden unter der Bedingung, dass die Jugendliche sich um das Tier kümmern werde, mit ihm spazieren gehe etc. Die junge Dame versprach „das Blaue vom Himmel", erhielt den Hund und vernachlässigte ihn nach einer kurzen Lustperiode total. Daraufhin trug die Mutter den Hund zum Tierhändler zurück. Als sie ohne Hund heimkehrte, zerschlug die junge Dame eine Flasche am Küchenboden und sprang mit nackten Fußsohlen auf den Scherben herum. Während sich eine Blutlache um sie bildete, schrie sie, sie werde erst aufhören, sobald ihr Hund zurückgebracht worden sei. Die Mutter rief einen Krankenwagen und brachte mit Unterstützung der Sanitäter die sich sträubende Tochter ins Krankenhaus. Dort setzte die Tochter ihre Drohung fort. Sie werde den Scherbentanz auf der Stelle wiederholen, sobald sie entlassen sei, falls sie zu Hause ihren Hund nicht wieder vorfinden würde. „Was soll ich tun?", fragte mich die Mutter – und ich wusste es nicht. Die Mutter holte den Hund, den sie künftig selbst versorgen musste, und die junge Dame hatte gesiegt, was Böses für ihre weitere Entwicklung ahnen lässt.

Fingierte Ohnmachts- oder Herzanfälle, massive Selbstverletzungen, Hungerstreiks (Stichwort „Magersucht") und ähnlich demonstrative Schauspiele klopfen die standfestesten Mitmenschen weich. Es sind probate Mittel, um bestimmte Reaktionen bei Bezugspersonen zu erzwingen, und je enger solche Bezugspersonen emotional an die „Erpresser" gebunden sind, desto wehrloser sind sie ihnen ausgeliefert. Ähnliches gilt für Psychopathen und delinquente Personen, die ihren Angehörigen permanent Geld, Anwaltskosten etc. abknöpfen, um ihre Straftaten nicht büßen zu müssen. Man kann leicht empfehlen, sich von niemandem ausnützen und gängeln zu lassen, aber Liebe und Vernunft verlaufen nicht in konkordanten Bahnen und dass ein wahrhaft Liebender manchmal entschlossen „Nein" sagen muss, ist nicht jedermann bewusst.

Weiter hoffen und glauben

Ganz anders stellt sich die Situation für Angehörige dar, wenn es sich um Patienten handelt, deren Freiheit krankheitsbedingt erheblich beschnitten ist. Wenn zum Beispiel ein Familienmitglied an einer endogenen Depression leidet und sich in einem depressiven Schub befindet. In solchen Fällen sind Ermahnungen und sogar Ermutigungen seitens der Familie fehl am Platz und jeglicher Zuspruch verhallt ungehört. Das freundliche, geduldige und nichts fordernde Dasein für das kranke Familienmitglied inklusive der Überwachung seiner Medikation genügen vollauf. Die Depression wird sich lichten, aber auch zu ihrem Ausklang sind Behutsamkeit und Vorsicht geboten, weil die Suizidgefahr am Ende der Depressionsphase (wenn die Entschlusskraft des Kranken zurückkehrt, er sich aber noch immer ziemlich unwohl fühlt) bekanntlich am größten ist.

Ich halte es für unverzichtbar in der Psychotherapie, die nächststehenden Verwandten der Patientinnen und Patienten zu instruieren und zu stützen, denn auch sie zählen zur großen Gruppe des „homo patiens". Sie sind Mitbetroffene und tragen schwer an ihrem Kummer und ihren Ängsten um das betroffene Mitglied. Sigmund Freud hat sich seinerzeit äußerst abfällig über die Angehörigen seines Patientengutes geäußert, hat sie als Krankheitsverursacher tituliert und ihnen vorgeschrieben, sich von den Kranken möglichst zu entfernen. Ich halte das für völlig falsch. Die Angehörigen sollen trotz ihres schwierigen Loses glauben, hoffen und lieben dürfen, und dies nicht zuletzt in Bezug auf ihre „Sorgenkinder". Das schöne Wort des Priesters und Dichters Lothar Zenetti gilt für sie wie für uns alle:

> Menschen, die aus der Hoffnung leben, sehen weiter.
> Menschen, die aus der Liebe leben, sehen tiefer.
> Menschen, die aus dem Glauben leben, sehen alles in einem anderen Licht.

In ihrem speziellen Fall dürfen sie für ihr „Sorgenkind" das Beste erhoffen – und nichts von ihm erwarten. Sie mögen es unvermindert lieben – aber ohne seine Symptome zu mehren. Und sie sollen an es glauben, weil es jenseits von Krankheit und psychischer Schwäche eine heile, intakte Person ist – eben in einem „anderen Licht" unversehrt ist.

Batthyány: Ich danke Ihnen sehr für diese Erörterungen, weil sie unsere Berichte um sehr wichtige Daten und Fakten ergänzen und damit ein wohl viel realistischeres Abbild dessen zeichnen, was wir untersucht haben. Natürlich hatten wir in unserer Studie eine Art *selection bias:* Unsere Gesprächspartner kamen aus keiner Zufallsstichprobe. Denn wir haben unsere Auskünfte ja ausschließlich von Menschen erhalten, denen es bereits gelungen ist, aus den besagten Teufelskreisen auszusteigen – die also die ausgestreckte Hand der anderen ergriffen und nicht etwa die Gutmütigkeit und Liebe ihrer Familien und Freunde ausgenutzt haben. Unerwähnt blieben in unseren Gesprächsprotokollen daher die vielen, denen das nicht gelingt bzw. die weniger änderungsbereit sind – und damit auch der von Ihnen beschriebene Leidensdruck der Angehörigen und Freunde, deren Hoffnungen und Bitten ein ums andere Mal enttäuscht werden.

Das ganze von Ihnen nun vervollständigte Bild ist, wie Sie zeigen, tatsächlich viel ambivalenter, komplexer – und nicht selten auch tragischer. Es ist wichtig, das so stehen zu lassen, um ein realistisches Abbild der zahlreichen Anfechtungen und Rückfälle zu zeichnen, die Betroffene und Angehörige oft durchleiden müssen.

Den Alltag wieder schätzen lernen

Batthyány: Zum Abschluss unserer Gespräche möchte ich auf einen scheinbaren Nebenbefund der vorhin erwähnten Studie eingehen, weil wir uns damit wieder auf allgemeine Lebensthemen hinbewegen können. Dieser Nebenbefund war die von unseren (wie gesagt vorselegierten) „geretteten" Auskunftspersonen häufig erwähnte Wiederentdeckung und Würdigung des Alltags, des vermeintlich Kleinen, „Normalen".

Unsere Interviewpartner berichteten tatsächlich von dem kleinen Alltagsglück, das sich einfach darin entfaltet, dass man sich während einer vermeintlich einfachen Tätigkeit dabei ertappt, dankbar dafür zu sein, sie gerade ausführen zu können.

Bei unserem Sample von ehemals Inhaftierten waren es Dinge, die den meisten von uns selbstverständlich erscheinen, auf die die Betroffenen aber während der Gerichtsverhandlungen oder der Inhaftierung verzichten mussten: Etwa frei darüber nachdenken zu können, wo man heute spazieren gehen wird; welches Buch man lesen oder welches Radioprogramm man sich anhören wird; was man essen wird – alles Dinge, die den meisten von uns selbstverständliche (und vielleicht gerade deswegen kaum gewürdigte) Freiheiten sind. In der Auswertung dieser Interviews wurde hingegen immer wieder deutlich: Bei der Rückkehr ins Leben geht es auch um das vermeintlich Kleine, Naheliegende, Einfache, das bei näherer Beschau gar nicht so klein, naheliegend oder einfach ist.

Auch wenn unser Sample keineswegs repräsentativ war: Man kann viel aus diesem Zeugnis ableiten. Es zeigt nämlich auch gerade mit Blick auf die Sinnfrage, dass man gut daran täte, sich gelegentlich daran zu erinnern, dass Sinnmöglichkeiten *mitten im Leben*, also *mitten im Alltag* zu finden sind. Denn manchmal, wenn man über die Sinnfrage spricht, erwarten Menschen, dass es sich um etwas ganz und gar Außergewöhnliches, eben Nichtalltägliches handelt. Und daher stellen sie auch nicht selten die etwas ungläubige Frage, wo denn dieser ominöse Sinn zu finden sei. Und tatsächlich: Wenn man ihn sozusagen überall außer im Alltäglichen vermutet, wie sollte man ihn dann im konkreten Leben je finden können?

Es geht daher auch darum, den Alltag wiederzuentdecken. Schließlich haben uns nicht zuletzt die Erfahrungen seit Beginn der Coronakrise gezeigt, wie sehr wir diesen Alltag vermissen können und wie sehr wir ihn mit einem Mal wertzuschätzen wissen, wenn das vermeintlich Selbstverständliche in Frage gestellt oder unsicher geworden ist. Der Alltag besteht meist aus vielen Dingen, deren Wert wir erst erkennen, wenn sie in Gefahr oder abwesend sind. Doch wie kann es gelingen, im Alltag Sinnmöglichkeiten zu finden und zu verwirklichen?

„Ein Tag im Jahr"

Dazu ein Beispiel aus der Literatur: Der russische Schriftsteller Maxim Gorki hatte kurz vor seinem Tod eine bemerkenswerte Idee. Es gab ihm zu denken, dass sich die meisten schriftstellerischen Werke mit dem Besonderen, Ungewöhnlichen, Dramatischen auseinandersetzen. Der gewöhnliche Alltag – sofern er überhaupt Eingang in die Literatur findet – dient in den meisten Romanen oder Theaterstücken oft nur als Bühne oder Hintergrund oder Schauplatz, nicht aber als der eigentliche Inhalt des Geschehens.

Im Jahr 1935 rief Gorki daher in einem Artikel in der sowjetischen Zeitschrift *Istwestija* Schriftstellerinnen und Schriftsteller auf, einen beliebigen, durchschnittlichen Tag möglichst detailliert zu beschreiben. Gorki machte nur eine einzige Vorgabe: Es sollte ein *ganz gewöhnlicher* Tag sein – keine besonderen Vorkommnisse, keine welthistorischen Geschehnisse, keine persönlichen Umbrüche. Vielmehr sollte es ein Porträt des Alltags sein – und in der Zusammenschau vieler solcher Berichte eine Art Porträt der Welt darstellen. Gorki wählte den 27. September. Warum er just diesen Tag aussuchte, ist nicht bekannt; auch ist leider keine Zusammenschau der Tagesbeschreibungen erhalten geblieben. Zudem verstarb Gorki bald darauf im Juni 1936 – und mit ihm anscheinend auch seine seinerzeitige Initiative.

Knapp ein Vierteljahrhundert später aber, im Jahr 1960, griff die *Istwestija* Gorkis Idee und Aufruf wieder auf: Wieder war es der 27. September und wieder scheint es, als wären nur wenige Autorinnen und Autoren dem Aufruf gefolgt, einem beliebigen und scheinbar ereignislosen Tag des Jahres ein Denkmal zu setzen. Die damals 31-jährige in der DDR lebende Schriftstellerin Christa Wolf jedoch nahm die Herausforderung an: „Ich setzte mich also hin und beschrieb meinen 27. September 1960"– und weil schon von der ersten Beschreibung ein besonderer Bann auszugehen schien, machte es sich Wolf zur Gewohnheit, auch alle folgenden 27. September bis zum Jahr 2011 schriftlich festzuhalten. Je größer dieses Werk wurde – es trägt den schönen Titel „Ein Tag im Jahr" –, desto mehr offenbarte sich Wolf zugleich auch die „Bedeutung, die ein durchschnittlicher Tag bekommt, wenn man wahrnimmt, wie viele Lebenslinien in ihm zusammenlaufen“[37].

Diese Einsicht webt Wolf mit einer bewundernswerten Ruhe und Zurückhaltung in ihr Werk ein. Ganz im Sinne von Gorkis Aufruf enthalten die Tageseintragungen Wolfs nämlich tatsächlich nichts „Großes“. Es finden sich keine dramatischen Ereignisse; und nirgends gibt Wolf etwa der Versuchung der Erzählerin nach, den Alltag doch noch in irgendeiner Weise zu inszenieren als Ruhe vor oder nach dem Sturm herannahender oder vergangener Dramen. Vielmehr setzt Wolfs Buch dem Alltag, dem Gewöhnlichen, in aller Konsequenz ein Denkmal – nur um zugleich zu veranschaulichen, dass das Gewöhnliche doch eigentlich gerade in seiner Gewöhnlichkeit viel mehr ist, als wir ihm üblicherweise zuzugestehen bereit sind.

Mit anderen Worten: Das scheinbar Unbedeutende und Belanglose erweist sich mit einem Mal als weder unbedeutend noch belanglos, wenn man ihm die ihm zustehende Aufmerksamkeit zuwendet. Nur: Es ist anscheinend auch darauf angewiesen, dass wir es achten, behüten und wertschätzen. Wir brauchen nur hinzusehen, um festzustellen, dass das Alltägliche der Ort ist, an dem gerade in seiner Gewöhnlichkeit etwas Besonderes geschieht, an dem aber auch Sinnmöglichkeiten auf uns warten.

Wenn wir hingegen so vor uns hinleben, als reihte die Zeit einen belanglosen Alltagsmoment an den nächsten und als würden nur die scheinbar oder wirklich „großen“ Momente „das Leben“ ausmachen, laufen wir Gefahr, nicht weniger als das Leben selbst zu versäumen. Ist das nicht bereits Teil jener Entfremdung, von der die Sozialpsychologen seit Jahrzehnten berichten, dass sie sich insbesondere in reichen Industrienationen nahezu epidemisch ausbreitet?

Lukas: Nun, die Frage, was belanglos ist, beantwortet jedermann verschieden. Es stimmt gewiss, dass es den Menschen vom „normalen Leben" entfremdet, wenn er zu viele Einzelheiten und Kleinigkeiten des Alltags schulterzuckend als „belanglos" abserviert. Fällt er jedoch ins Gegenteil und reitet er akribisch auf jedem winzigen Detail herum, handelt er sich eine Tendenz zur Zwangsstörung ein. Die zuträgliche Mitte liegt wohl darin, sich mit Sorgfalt seiner Angelegenheiten anzunehmen, um sie nach Erledigung auch wieder in der Versenkung zu verstauen. „Alle Werte sind Platzhalter für den Herrn", hat Frankl sehr weise gesagt, und exakt so sind sie auch zu behandeln: achtungsvoll, aber nicht anbetend.

Sauberkeit ist zum Beispiel ein hoher Wert, und es ist keineswegs belanglos, ob die Stube glänzt und die Schuhe geputzt sind. Nur braucht es keinen Sauberkeitsfimmel, und wenn einmal ein wenig Staub herumliegt, ist dies nicht tragisch. Auch gesunde Ernährung ist ein hoher Wert, und es ist keineswegs belanglos, was Leute in sich hineinstopfen. Aber wenn sie bei einer Geburtstagsfeier ein bisschen über die Stränge schlagen und sich ein fettes Schnitzel mit Pommes frites gönnen, ist deswegen kein Malheur passiert. Die „Relativitätstheorie" darf auch im Alltag ihre Anwendung finden.

Die Gefahr, Unwichtiges überzubewerten

Die Sache abrundend möchte ich auf den späten Lebensabschnitt hinweisen, der dazu verführt, nicht – wie vielleicht in früheren arbeitsintensiven Jahren – Wichtiges als belanglos einzustufen, sondern nunmehr Unwichtiges überzubewerten. In der von Ihnen zitierten Studie handelte es sich um Exsträflinge, die nach ihrer Freilassung plötzlich registrierten, wie viele Kleinigkeiten es im „normalen Lebensvollzug" gibt: Miniaturen des Seins, die genug

Grund zur Freude liefern. Das kommt daher, dass die Exsträflinge etliche Monate oder Jahre in einer „geschrumpften Welt" zugebracht haben, in der sie derlei Kleinigkeiten hatten entbehren müssen. Es ist durchaus zu begrüßen, wenn sie in dieser Hinsicht sensibler geworden sind.

Das Alter (oder eine krankheitsbedingte Behinderung) bewirkt eine ähnliche „Einschrumpfung" der Welt, auf die man Zugriff hat. Der Bewegungsradius wird geringer; der Bekanntenkreis verdünnt sich; die eigene Produktionsdichte nimmt ab. Man muss sich nicht am Abstellgleis deponiert fühlen, aber man ist auch nicht mehr am Puls der Welt angesiedelt. Weil vielerlei mühsam wird, unterlässt man es und reduziert sein Tagesprogramm. Zahlreiche betagte Menschen schauen und kommen nicht mehr allzu weit über ihre eigenen vier Wände hinaus. Das hat den Effekt, dass sich ihr Fokus ebenfalls auf jene Kleinigkeiten verschiebt, die eben noch vorhanden und von ihnen erreichbar sind und Grund zur Freude liefern können.

Niemand wird ihnen diese Restfreude absprechen, aber sie hat einen weniger zu begrüßenden Haken: Die subjektive Bedeutung solcher alltäglichen Kleinigkeiten schwillt mitunter zu sehr an. Wenn der Enkelsohn vierzehn Tage lang nicht angerufen hat, ist man zutiefst betrübt. Wenn das Essen auf Rädern nicht dem Gusto entspricht, ist der ganze Tag verdorben. Und wenn gar der Kanarienvogel stirbt, ist die Trauer bodenlos. Nicht umsonst hat Frankl die Vergötzung eines Wertes als potentiellen Stoß in die Verzweiflung definiert, und zwar für den jederzeit möglichen Fall, dass sich dieser Wert aus unserem Gesichtsfeld verabschiedet.

Gerade das Alter ist die Phase der zu leistenden Abschiede. Deshalb mein Appell: Es sollte beizeiten gelernt werden, schmerzliche Abschiede mit Bravour auszuhalten und als das zu begreifen, was sie in Wirklichkeit sind, nämlich Spiegelbilder eines Stücks gewährter Seligkeit. Ist es nicht herrlich, einen Enkelsohn zu haben, der sich in Abständen bei Oma oder Opa meldet? Ist es nicht ein ungeheurer Vorteil, in einem Land zu leben, in dem bei Bedarf Sozialdienste wie „Essen auf Rädern" zur Verfügung stehen? Und war es nicht eine lustige Zeit mit dem Kanarienvogel, mit dem man so manche einsame Stunde geplaudert hat? Ja, mein Gesprächspartner – und da gehe ich mit Ihnen vollkommen konform! –, jetzt sind wir wieder bei der Heilkraft der Dankbarkeit angelangt. Von welcher Seite aus wir uns ihr auch annähern, stets ist sie es, die mit seelischen Wundpflastern winkt. Deshalb möchte ich schließen mit einem klugen Spruch von Francis Bacon:

> Nicht die Glücklichen sind dankbar.
> Es sind die Dankbaren, die glücklich sind.

Ausblick: Neu beginnen

Alexander Batthyány

Wir haben diese Gespräche in einer unruhigen, krisenhaften Zeit geführt. Wie eingangs dieses Buchs erwähnt, gewannen wir angesichts aktueller politischer und gesellschaftlicher Entwicklungen den Eindruck, dass nunmehr ein Aspekt der Frankl'schen Logotherapie kollektiv in den Vordergrund trat, der ansonsten in den reichen Industrienationen meist nur individuell und damit oft unbeobachtet, leider nicht selten auch unbeachtet vorüberzieht: der leidende und der verunsicherte Mensch. Für ihn bzw. ihn im Blick habend haben wir diese Dialoge geführt und legen sie nun überarbeitet in Buchform vor.

Wir können unseren Alltag verwandeln

Dieses Buch ist, auch wenn wir gelegentlich einige sehr grundlegende Fragen über den Menschen, die Welt und den Sinn besprechen, der Neuausrichtung während oder auch im Nachklang von Krisenzeiten gewidmet. Wir hoffen, dass einige der hier besprochenen Impulse dem Lesenden helfen, eine solche Verwandlungsfähigkeit des Alltags neu zu entdecken. Zahlreiche Studien und auch die klinische Erfahrung zeigen nämlich, dass Menschen in krisenhaften Lebensphasen in der Begegnung mit dem Alltäglichen häufig an ihre Grenzen geraten. Vielleicht sind aufgrund ihres Krisenerlebens die physischen und vor allem psychischen Ressourcen dermaßen beansprucht oder erschöpft, dass schon verhältnismäßig einfache alltägliche Tätigkeiten, Aufgaben oder Herausforderungen als unüberwindbar empfunden werden. Vielleicht verlieren diese Menschen aber auch angesichts einer Sinn- und Wertekrise schlichtweg die Hoffnung, dass sie je in der Lage sein werden, aus der Routine des Alltags „auszubrechen" und Sinn zu finden.

Wie wir in diesem Buch zu zeigen versucht haben, gelingt Wandel aber weniger durch Ausbruch oder Fortziehen als vielmehr dadurch, dass man die Gewichtung des eigenen Beitrags durch einige scheinbar sehr geringfügige Verschiebungen oder Änderungen auf etwas Gutes, Lebenswertes, Wertvolles, Würdiges hin neu denkt und angeht. Es liegt auf der Hand: Wenn Leben sinnvoll gestaltet werden soll, kann man nirgends anders anfangen und Sinn verwirklichen als mitten im Leben selbst – also genau da und dort, wo wir uns gerade befinden: im eigenen Haushalt, im eigenen Familien- und Freundesverbund, im eigenen beruflichen Umfeld, an den freien Wochenenden usw. Aber wie geht das?

Wo anfangen?

In meiner universitären Sprechstunde werde ich bisweilen von Studierenden aufgesucht, die von meinem Forschungs- und Lebensinteresse an der Sinnfrage wissen. Oft berichten sie ein wenig entmutigt davon, wie sie sich entschlossen haben, ein sinnvolles Leben „auszuprobieren" – bald aber merkten, dass sie eigentlich gar nicht wirklich wussten, wo und wie sie damit überhaupt anfangen sollen. Vielleicht stellt sich der eine Leser oder die andere Leserin eine ähnliche Frage: Wo jetzt anfangen? – Oder für diejenigen, die sich nach krisenhafter Zeit langsam wieder in das Leben hinauswagen: Wo jetzt wieder anfangen? Oder anders: Wo und wie finde ich Sinn in meinem Leben?

Viktor E. Frankl, der als Psychiater und Neurologie die Sinnfrage bereits in den späten 1920er-Jahren in den Mittelpunkt seines wissenschaftlichen und ärztlichen Wirkens gestellt hat und heute weltweit als der Pionier einer sinnorientierten Psychotherapie (Logotherapie und Existenzanalyse) und Psychiatrie gilt, hat in seinen Forschungsarbeiten auf drei Hauptwege individueller Sinnfindung und -erfüllung hingewiesen. Diese drei Wege entsprechen im weitesten Sinne den Grundtätigkeiten und -funktionen des menschlichen Geistes: Wir erleben, wir handeln und wir gewinnen bestimmte innere Eindrücke bzw. nehmen innere Bewertungen und Deutungen dessen vor, was wir und andere erleben und tun. Handeln, erleben und innere Haltung sind daher alltägliche Tätigkeiten; und sie sind nach Frankl auch die Hauptwege, auf denen uns Sinnmöglichkeiten im Leben begegnen können:

> „Nun, man kann seinem Leben Sinn geben, indem man das verwirklicht, was ich schöpferische Werte genannt habe, also indem man eine Tat setzt oder ein Werk vollbringt. Aber man kann seinem Leben auch Sinn geben, indem man Erlebniswerte verwirklicht, das heißt, indem man das Schöne, das Gute, das Wahre in sich aufnimmt oder auch nur einen einzigen Menschen in seinem Wesen erlebt, in seiner Einmaligkeit und Einzigartigkeit. Und einen Menschen als einmalig und einzigartig, also als Du zu erleben heißt: ihn lieben.
>
> Aber auch der Mensch, der sich in einer Zwangslage befindet, in der er weder durch Handlungen Werte verwirklichen

> kann noch seinem Leben Sinn zu geben vermöchte durch Erlebnisse – auch dieser Mensch kann seinem Leben noch Sinn geben, nämlich in der Art und Weise, wie er sich diesem Schicksal stellt, wie er sein Leiden gleichsam als sein Kreuz auf sich nimmt: Gerade darin ist ihm eine letzte Wertmöglichkeit gegeben."[38]

Diese Aufzählung der Wege zum Sinn deutet darauf hin, dass es hier weder abstrakt noch geheimnisvoll zugeht: Wir erleben, wirken und haben Einstellungen ja so oder so – es handelt sich nicht um Tätigkeiten, zu denen man sich eigens aufraffen müsste, um im eigenen Alltag konkret Sinn zu finden. Was sich unter dem Vorzeichen der Sinnfrage ändert, ist daher nicht notwendig, *was* wir tun; neu und anders ist vielmehr die Art und Weise, *wie* und *warum* und *für was* oder *wen* wir es tun. Diese scheinbar kleine Schwerpunktverlegung hat – das bestätigt uns auch eine beachtliche Menge wissenschaftlicher und klinischer Forschungsarbeiten – bedeutende und vielfältige Auswirkung auf unsere Lebensführung, auf Persönlichkeitsbildung und Lebenszufriedenheit, auf Frustrationstoleranz und schließlich auf unser Lebensglück und vor allem unsere innere Erfüllung und den Zustand der Welt.[39] Es macht tatsächlich einen enormen Unterschied, ob jemand seine Lebensführung primär an der Frage ausrichtet, *ob es ihm oder ihr gut geht* – oder ob ich eine positive Antwort auf die Frage zu geben in der Lage bin, *wozu ich gut bin*. Mehr noch – auf letztere Frage kann *ich* antworten. Es hängt zu einem Großteil von mir und meinen Entscheidungen ab, ob ich und wozu ich gut bin, während mein bloßes Wohlgefühl ohnehin meist von Faktoren herrührt, auf die ich unmittelbar verhältnismäßig weniger Einfluss habe: Was mir widerfährt, untersteht kaum meiner Kontrolle. Was ich aber in die Welt aussende – darüber kann ich entscheiden.

Die Sinnfrage spricht dem Menschen daher eine ungleich aktivere, gestaltendere Rolle zu als die Frage, ob die Umstände seines Lebens sein unmittelbares Wohlgefühl fördern oder gefährden. Sie gibt dem Menschen somit auch ein erhebliches Maß an Autonomie, Selbstwirksamkeit und Ichstärke zurück: Sie öffnet ihm den Blick dafür, dass er nicht nur ein Opfer oder Nutznießer seiner Lebensumstände ist. Sie führt ihm vor Augen, dass er ungleich viel mehr ist als das, was ihm widerfährt. Dass er auch anders entscheiden und handeln kann, als ihm seine Umstände und bestimmte innere Veranlagungen oder Neigungen nahelegen. Zwar ist er nicht frei von allen diesen inneren und äußeren Faktoren, die auf ihn einwirken; vieles im Leben ist ohne Frage schicksalhaft und unserem mittelbaren oder unmittelbaren Einflussbereich entzogen. Aber dennoch sind wir frei, unser Leben trotz, mit oder wegen dieser Lebensumstände so oder so zu gestalten und auszurichten: Auf dieses „so oder so" kommt es an. Und damit stehen dem Menschen in beinahe jeder Lebenssituation auch alternative Handlungsmöglichkeiten offen. Nur: Wie lassen sie sich finden? Wie kann man den Sinn des Augenblicks entziffern?

Viel ist meist nicht nötig. Meist genügt es bereits, in einem ersten Schritt den Blick über den Tellerrand des eigenen Ichs zu wagen und hinauszublicken: Erstens auf das, was jenseits meiner eigenen momentanen, unmittelbaren Bedürfnisse an offenen Anliegen in meiner Welt liegt; und zweitens darauf, welche Handlungs-, Entscheidungs- oder Einstellungsmöglichkeiten mir in einer gegebenen Situation zur Verfügung stehen – und schließlich drittens, welche von diesen Möglichkeiten die sinnvollste ist.

Welche Fragen tauchen dann auf? Es sind meist Fragen, die mit uns und der Beziehung zur Welt um uns herum zu tun haben. Fragen, die oft wie von selbst hinführen zur Sinnfindung: Wozu bin ich gut? Etwa: Welchen Beitrag kann ich zu dieser – auch noch so alltäglichen und scheinbar banalen – Situation leisten, wenn ich behutsam und wohlwollend mit ihr umgehe und sie durch mein Zutun eine etwas schönere und würdigere Gestalt gewinnen kann? Was ist jetzt dran? Was wäre um meinen Beitrag ärmer, wenn ich diesen Beitrag nicht leiste? Was und wie soll mein Beitrag zu dieser Situation sein?

Diesen Beitrag muss man sich zugleich nicht allzu einmalig oder heroisch vorstellen – wir reden nach wie vor von dem, was mitten im Leben, mitten im Alltag geschieht und auch genau dort von uns mitgestaltet werden kann: ein Gespräch mit Familie oder Freunden, das sich durch unsere Beiträge oder unsere Bereitschaft zuzuhören in diese oder jene Richtung entwickeln kann; der Anruf bei während der Coronaschutzmaßnahmen vielleicht einsamen Verwandten oder Freunden („ich denke gerade an dich") oder das Angebot, für sie die Einkäufe zu erledigen; oder die halbe Stunde, die man am Abend ein bisschen länger bei den Kindern verweilt, um mit ihnen über die Geschehnisse des zu Ende gehenden Tages zu sprechen, ihnen zuzuhören, Rat zu geben oder gemeinsam eine Geschichte zu lesen usw. Vielleicht sind es Talente, die entfaltet und genutzt werden, oder Kunstwerke, die geschaffen werden wollen. Oder aber die Dinge, die wir ohnehin tun müssen – nun aber im Bewusstsein dessen tun, dass es nicht nur darauf ankommt, dass man tut, was ohnedies an täglichen Aufgaben zu erledigen ist, sondern auch darauf, *wie* wir es tun. Auch auf diesem Wege kann man dem Alltag eine neue Qualität geben.

Dieser Beitrag braucht aber nicht unbedingt tätig zu sein – er kann auch „nur" erlebend erfolgen: Er zeigt sich darin, ob wir achtlos an der Freundlichkeit oder Liebenswürdigkeit eines anderen Menschen, an der Schönheit eines Kunstwerks oder Naturereignisses vorbeigehen oder ob wir die sich uns anbietende Erlebnisvielfalt und -schönheit überhaupt wahrzunehmen und wertzuschätzen bereit sind. Was „konsumieren" wir – sowohl physisch als auch geistig? Und tut es uns und der Welt gut?

Es kann aber auch genereller eine innere Haltung sein – insbesondere gegenüber den Umständen, die nicht unmittelbar unter unserer Kontrolle liegen: Geht das Gute und Gelungene ungedankt an uns vorbei, weil wir denken, dass es uns „ohnehin zusteht"? Nehmen wir es überhaupt noch wahr? Vergiften wir unsere Innen- und Umwelt mit Groll, Hassgefühlen und Missgunst oder gehen wir auch gedanklich und in unserem Gefühlsleben mit der Welt, anderen Menschen und auch uns selbst großzügig und behutsam um? Bewahren wir – auch uns selbst gegenüber – das Bewusstsein unserer ohnedies unverlierbaren Würde, indem wir anderen, uns selbst und der Welt gegenüber eine Kultur der Liebenswürdigkeit zu entwickeln und zu pflegen versuchen?

Tun, was ohnehin zu tun ist – aber anders

All diese Beispiele beschreiben nur einen Bruchteil der zahllosen Sinnmöglichkeiten eines einzigen Tages. Es sind, wie bereits erwähnt, Möglichkeiten; es sind Angebote. Keines von ihnen drängt sich uns auf; alle sind auf unsere Bereitschaft angewiesen, diese Sinnangebote überhaupt wahr- und anzunehmen. Sinn ist nicht Zwang, sondern Freiheit.

Vor allem zeigen diese wenigen Beispiele: Es geht meist um Dinge, die ohnehin unseren Lebensweg kreuzen, die aber mit einer gewissen inneren Haltung ein kleines Stück verwandelt werden können. Sinnmöglichkeiten wahrnehmen bedeutet mit anderen Worten, mehr in einer Situation wahrzunehmen, als sich im ersten Augenblick präsentiert. Es bedeutet, das Mögliche (und das möglichst Gute) unseres Beitrags zu einer Situation zu sehen – und zugleich interessiert genug zu sein, dieses Mögliche auch als Aufruf zu seiner Verwirklichung zu erkennen, weil sonst eine Leerstelle stehen bliebe, wo eigentlich unser Zutun gefragt war. Viktor Frankl sprach in diesem Zusammenhang davon, dass uns auf unserem Lebensweg fortwährend Unfertiges begegnet, das noch auf unseren Beitrag wartet: „Insofern, als wir auf die Tatsachen des Lebens erst zu antworten haben, stehen wir stets vor unvollendeten Tatsachen."[40]

Diese Tatsachen warten mit anderen Worten auf meinen Beitrag: Entweder, weil es etwas zu ändern, zu schaffen oder jemandem beizustehen gilt; oder aber, weil es schlichtweg schöne, gelungene Tatsachen sind – aber auch diese bleiben ohne Anerkennung, ohne Dankbarkeit oder zumindest bewusstes Erleben des Gelungenen noch unvollendet. Man kann an beidem mit einem gleichgültigen Schulterzucken vorübergehen und beraubt damit die Welt um den eigenen Beitrag und sich selbst um die konkrete Erfahrung, für etwas oder jemanden da und gut zu sein.

Zur Paradoxie der Großzügigkeit

Es mag eine der vielen Paradoxien des Daseins sein, dass wir innerlich meist nicht verarmen, wenn wir etwas nicht oder insgesamt zu wenig bekommen. Innerlich verarmen wir vielmehr an dem, was auszusenden und frei zu geben wir verabsäumt und verweigert haben. Es sind die hier beschriebenen Zusammenhänge nicht besonders komplex: Wenn wir unsere Fähigkeiten und Stärken sinnvoll nutzen, dann finden sie auch ihren bestmöglichen Bestimmungsort: Sie wenden sich den Bereichen der Welt zu, die auf eben diesen persönlichen Beitrag gewartet haben. Selbst unsere Schwächen sind in diesem Gefüge gut aufgehoben – denn sie bieten einem anderen, der sich gerade dort erfolgreich bewähren kann, wo wir auf seine Hilfe und Unterstützung angewiesen sind, einen Ort und eine Gelegenheit, an dem er *seine* Fähigkeiten (und seine Güte) zur Geltung bringen kann.

Es ist bezeichnend, dass ein Großteil des harmonischen Gefüges der Natur auf dem Prinzip einer vergleichbaren (allerdings meist biologisch präformierten) gegenseitigen Ergänzung und Kooperation beruht. Aber ausgerechnet der Mensch, der zudem über die Fähigkeit der sprachlichen Kommunikation und eine im Verhältnis zur übrigen Natur vergleichsweise freien Intelligenz verfügt, hat diese einfachen Zusammenhänge vielfach aus den Augen verloren und sich stattdessen Lebensmodelle angeeignet, die im Grunde dauerhaft keine Gewinner kennen.

So erschließt sich auch, weshalb die oft in der psychologischen Populärliteratur verbreiteten Rezepte so wenig tragfähig sind und sich insbesondere in Krisenzeiten als fatal erweisen. Man liest und hört etwa oft, man solle, damit es einem gut ergehe, beginnen, an sich selbst zu denken und nicht an andere. Man solle beginnen, aus dem Vollen des Lebens zu schöpfen, indem man in erster Linie für sich aus dem Vollen schöpft, also vor allem an das eigene Wohlergehen denkt.

Elisabeth Lukas hat vorgeschlagen, dass solch ein Rat in früheren Zeiten womöglich durchaus angebracht und hilfreich war – Psychologie soll nicht zuletzt vorherrschende hinderliche Lebenshaltungen korrigieren. Es mag sein, dass hierzu in früheren Zeiten auch eine einseitige und übertriebene Aufopferungstendenz zählte, der mit der Ermunterung, sich nicht ganz selbst zu vergessen, gegenzusteuern war.

Dem heutigen Zeitgeist steuert man allerdings mit dem Aufruf, mehr an sich selbst zu denken, beim besten Willen nicht mehr korrigierend entgegen – man fördert vielmehr die ohnehin weitverbreitete (und paradoxerweise zugleich oft beklagte) einseitige Tendenz, die eigenen Bedürfnisse auf Kosten der Anliegen anderer durchzusetzen und für die Nöte und Anliegen der anderen weniger offen zu sein. So wohlgemeint und hilfreich solche Ratschläge zur „Kunst, ein Egoist zu sein“, daher einmal gewesen sein mögen, so wenig hilfreich sind sie in einer Zeit der ohnehin um sich greifenden Egozentrierung.

Womöglich ist genau das einer der Hauptirrtümer unserer Tage: Menschen resignieren, weil sie angesichts der jüngsten Krisen glauben, die Welt biete nichts oder nichts Gutes – und übersehen dabei zwei grundlegende Tatbestände: erstens das Gute, das sie trotz allem bereits haben und teilen könnten; und zweitens, dass ein Gutteil des Schicksals der Welt unserem Handeln überantwortet ist und wir vereint über die inneren und äußeren Ressourcen verfügen, um etwas von jenem Guten zu verwirklichen, das wir und die Welt vermissen, insbesondere in oder nach Krisenzeiten und gerade angesichts der Tatsache, dass diese Welt nicht heil ist. Sie ist verwundet. Aber sie ist heilbar; zumindest verdient sie es, dass wir uns um ihre Heilung bemühen.

Bibliographie

Allers, R. (1963/2005), *Abnorme Welten. Ein phänomenologischer Versuch zur Psychiatrie. Eingeleitet, kommentiert und herausgegeben von Alexander Batthyány*, Weinheim: Beltz.

Bastian, T. (2018), Existentiell verwahrlost? Buch und Kritik. In: *Psychologie heute*, Heft 8/2018.

Batthyány, A. & Guttmann, D. (2006), *Empirical Research in Logotherapy and Meaning-Oriented Psychotherapy*, Phoenix, AZ: Zeig, Tucker & Theisen.

Batthyány, A. & Lukas, E. (2020), *Logotherapie und Existenzanalyse heute. Eine Standortbestimmung*, Innsbruck: Tyrolia.

Civit, M., Civit-Masot, J., Cuadrado, F. & Escalona, M. J. (2022), A systematic review of artificial intelligence-based music generation: Scope, applications, and future trends. In: *Expert Systems with Applications*, 118–190.

Dimsdale, J. E. (2016), *Anatomy of malice: The enigma of the Nazi war criminals*, Yale: University Press.

Mutter Elvira (2000), *Die Umarmung*, Zemendorf: Gemeinschaft Cenacolo.

Eydlin, A. (2020), Ich sah das Schlachtfeld. In: *Die Zeit*, 5. 9. 2020.

Fleckenstein, K.-H. (1975), *Am Fenster der Welt. Karl-Heinz Fleckenstein im Gespräch mit Viktor E. Frankl*, München: Neue Stadt.

Frankl, V. E. (1954), Das Menschenbild der Psychotherapie. In: *Wiener Medizinische Wochenschrift* 33/34.

Frankl, V. E. (1957), Die Automation als psychiatrisches Problem. In: *Die österreichische Volkshochschule*, Nr. 25, 8.

Frankl, V. E. (1997), *Die Psychotherapie in der Praxis. Eine kasuistische Einführung für Ärzte*, München: Piper.

Frankl, V. E. (1997), *Der Mensch vor der Frage nach dem Sinn*, München: Piper.

Frankl, V. E. (1998), *Logotherapie und Existenzanalyse. Texte aus sechs Jahrzehnten*, Weinheim: Beltz, 3. Auflage.

Frankl, V. E. (2005), *Ärztliche Seelsorge. Grundlagen der Logotherapie und Existenzanalyse*, Wien: Deuticke.

Frankl, V. E. (2006), Synchronisation in Birkenwald. In: Frankl, V. E., *Gesammelte Werke*. Psychologie des Konzentrationslagers. Synchronisation in Birkenwald. Und ausgewählte Texte. 1945–1993. Herausgegeben von Batthyány, A., Biller, K. & Fizzotti, E., Wien: Böhlau.

Frankl, V. E. & Lapide, P. (2005), *Gottsuche und Sinnfrage. Ein Gespräch*, Gütersloh: Gütersloher Verlagshaus.

Gunsenheimer, A. & Wehrheim, M. (2017), Der 21. Dezember 2012. Die globale Inszenierung eines Weltuntergangs. In: *Interdisziplinäre Studien America Latina*, 9.

Heering, K. J. & Müller, J. (2009), *Apokalypse 2012: Die Endzeitprophezeiungen der Maya*, Wien: Ueberreuter.

Hildesheim, D. (2022), Gedanken zu Frankls Freiheitsbegriff. In: Schönfeld, H. (Hg.), *…und es geht weiter. Elisabeth Lukas zum 80. Geburtstag*, Bamberg: Elisabeth-Lukas-Archiv.

Ihlow, C., Haubrich, J., Luley, J. & Lamminger, S. (2020), Salutogenetische Faktoren therapeutisch begleiteten Waldbadens. Eine Kooperationsstudie der Dr. Becker Klinik Möhnesee mit dem Landesbetrieb Wald und Holz Nordrhein-Westfalen. In: *29. Rehabilitationswissenschaftliches Kolloquium.*

Kesten, H. (Hg.) (1973), *24 neue deutsche Erzähler*, München: Verlag Kurt Desch.

Le Soldat, J. (1993), Kekulés Traum. Ergänzende Betrachtungen zum „Benzolring", In: *Psyche*, 47(2), 180–201.

Lukas, E. (1991), *Die magische Frage „Wozu". Logotherapeutische Antworten auf existentielle Fragen,* Freiburg i. Br.: Herder.

Lukas, E. (2000), *Rendezvous mit dem Leben*, München: Kösel.

Lukas, E. (2015), *Inspirationen für die Seele. Das geistige Erbe Viktor E. Frankls,* München: Profil.

Marcel, G. (1992), *Werkauswahl.* Band 1: Hoffnung in einer zerbrochenen Welt? Vorlesungen und Aufsätze, eingeleitet und herausgegeben von Peter Grotzer, mit einem Vorwort von Paul Ricœur, Paderborn: Schöningh.

McNally, M. (2010), *Testimonies,* Paragon Publishing.

Mori, H. (2020), *Existenzanalyse und Logotherapie,* Wien: facultas.

Park, B. J., Tsunetsugu, Y., Kasetani, T., Hirano, H., Kagawa, T., Sato, M. & Miyazaki, Y. (2007), Physiological effects of shinrin-yoku (taking in the atmosphere of the forest) – using salivary cortisol and cerebral activity as indicators. In: *Journal of physiological anthropology*, 26(2), 123–128.

Oishi, S. & Diener, E. (2014), Residents of poor nations have a greater sense of meaning in life than residents of wealthy nations. In: *Psychological Science*, 25(2), 422–430.

Saxton, R. (2017), The process of composition from detection to confection. In: *Composition – Performance – Reception*, Abingdon: Routledge, 1–16.

Siegl-Holz, S. (2019), *Die Grundlagen Camphills und seine Bedeutung heute.* Arbeitspapier: Lehenhof.

Tomberg, V. (1989), *Anthroposophische Betrachtungen zum Alten Testament,* Schönach: Achamoth

Wolf, C. (2014), *Ein Tag im Jahr: 1960–2000,* Frankfurt a. M.: Suhrkamp Verlag.

Zillmer, E. A., Harrower, M., Ritzler, B. A. & Archer, R. P. (2013), *The quest for the Nazi personality: A psychological investigation of Nazi war criminals*, Abingdon: Routledge.

Anmerkungen

1 Batthyány, A. & Lukas, E. (2020), Logotherapie und Existenzanalyse heute. Eine Standortbestimmung. Tyrolia.

2 Batthyány, A. & Guttmann, D. (2006), Empirical Research in Logotherapy and Meaning-Oriented Psychotherapy. Phoenix, AZ: Zeig, Tucker & Theisen, vor allem die Kapitel 1–3.

3 Oishi, S. & Diener, E. (2014). Residents of poor nations have a greater sense of meaning in life than residents of wealthy nations. Psychological Science, 25(2), 422–430.

4 Bastian, T. (2018). Existentiell verwahrlost? Buch und Kritik. Psychologie heute, Heft 8/2018.

5 Marcel, G. (1992), Werkauswahl. Bd. 1: Hoffnung in einer zerbrochenen Welt? Vorlesungen und Aufsätze, eingeleitet und herausgegeben von Peter Grotzer, mit einem Vorwort von Paul Ricœur. Paderborn: Schöningh.

6 Frankl, V. E. (2005), Ärztliche Seelsorge. Grundlagen der Logotherapie und Existenzanalyse. Wien: Deuticke, S. 149f.

7 Kesten, H., Vorwort. In: Kesten, H. (Hrsg.) (1973). 24 neue deutsche Erzähler. München: Verlag Kurt Desch, S. 7.

8 Mori, H. (2020), Existenzanalyse und Logotherapie. Wien: facultas, S. 59.
Ich will an dieser Stelle die Gelegenheit nutzen, eine grundlegende Korrektur einiger Passagen meiner Beiträge in unserem zuletzt erschienenen gemeinsamen Buch „Logotherapie und Existenzanalyse heute. Eine Standortbestimmung" (2020) vorzunehmen. In einem Kapitel gehe ich sehr kritisch auf Harald Moris Einschätzung der Kompatibilität von Viktor Frankls Logotherapie und Existenzanalyse mit Alfried Längles Eigenentwurf ein. Wie sich zeigte, beruhte meine Kritik großteils auf einem Missverständnis meinerseits. Zur Kritikfähigkeit gehört auch die Selbstkritikfähigkeit – und diese ist in diesem Fall, wie sich zeigt, wohl mehr als angebracht. Daher ist es mir ein Anliegen, an dieser Stelle darauf hinzuweisen, dass anschließende eingehende Gespräche mit Harald Mori mir sehr deutlich vor Augen führten, dass ich seinen Versuch eines Brückenbaus offenbar wirklich grundsätzlich falsch als einen Hinweis auf Moris persönliche Abkehr von der klassischen Logotherapie interpretiert habe. Ich will an dieser Stelle Harald Mori für die klärenden, kollegialen Gespräche danken, aber auch in aller Form mein Bedauern für meine Fehlinterpretation seiner Zeilen zum Ausdruck bringen.

9 https://www.erzdioezese-wien.at/site/home/nachrichten/article/71611.html

10 Mutter Elvira (2000), Die Umarmung. Die Geschichte der Gemeinschaft Cenacolo. Zemendorf: Gemeinschaft Cenacolo.

11 Frankl, V. E. (1998), Logotherapie und Existenzanalyse. Texte aus sechs Jahrzehnten. Weinheim: Beltz, S. 297.

12 Frankl, V. E. (2006), Synchronisation in Birkenwald. In: Frankl, V. E. (2006), Gesammelte Werke. Psychologie des Konzentrationslagers. Synchronisation in Birkenwald. Und ausgewählte Texte 1945–1993. Herausgegeben von Batthyány, A., Biller, K. & Fizzotti, E., Wien: Böhlau.

13 Aus „Standhalten gegen Spaltung und Hass", Goldegger Dialoge, in „Salzburger Nachrichten Spezial" vom Samstag, den 14. Mai 2022.

14 Tomberg, V. (1989), Anthroposophische Betrachtungen zum Alten Testament. Schönach: Achamoth, S. 15.

15 Aus „Am Fenster der Welt. Karl-Heinz Fleckenstein im Gespräch mit Viktor E. Frankl", München: Neue Stadt 1975, vergriffen. Abgedruckt in: Lukas E. (2015), Inspirationen für die Seele. Das geistige Erbe Viktor E. Frankls. München: Profil, erw. 2. Auflage.

16 Analoge Beobachtungen hat man mit dem antiquierten psychologischen Rat gemacht, zornige Personen mögen altes Geschirr u. Ä. zerschlagen, um sich abzureagieren. Ihr kurzes Aufatmen danach hat nie zu einer längerfristig anhaltenden emotionalen Entlastung geführt.

17 Allers, R. (1963/2005), Abnorme Welten. Ein phänomenologischer Versuch zur Psychiatrie. Eingeleitet, kommentiert und herausgegeben von Alexander Batthyány. Weinheim: Beltz.

18 König, K., zit. nach Siegl-Holz, S. (2019), Die Grundlagen Camphills und seine Bedeutung heute. Arbeitspapier: Lehenhof, S. 5f.

19 Eydlin, A. (2020), Ich sah das Schlachtfeld, Die Zeit, 5. 9. 2020.

20 Statistischen Schätzungen zufolge leidet rund ein Prozent der Bevölkerung an einem latenten schizophrenen Basissyndrom, das wenig auffällt und meistens weder diagnostiziert noch behandelt wird. Die Betroffenen sind „Sonderlinge", die zu fixen, der Realität abholden Einbildungen neigen. Sie werden besonders leicht zu Anhängern von Verschwörungstheorien.

21 Heering, K. J. & Müller, J. (2009), Apokalypse 2012: Die Endzeitprophezeiungen der Maya. Wien: Ueberreuter; Gunsenheimer, A. & Wehrheim, M. (2017), Der 21. Dezember 2012 – Die globale Inszenierung eines Weltuntergangs (Interdisziplinäre Studien America Latina 9).

22 „Viktor Frankl für echten Dialog mit den Rechtsextremisten", in: Politik, Nr. 6, 26. Jänner 1993.

23 Allers, R. (1963/2005), Abnorme Welten. Ein phänomenologischer Versuch zur Psychiatrie. Eingeleitet, kommentiert und herausgegeben von Alexander Batthyány. Weinheim: Beltz, S. 73.

24 Mori, H. (2020), Existenzanalyse und Logotherapie. Wien: facultas, S. 71.

25 Ihlow, C., Haubrich, J., Luley, J. & Lamminger, S. (2020), Salutogenetische Faktoren therapeutisch begleiteten Waldbadens. Eine Kooperationsstudie der Dr. Becker Klinik Möhnesee mit dem Landesbetrieb Wald und Holz Nordrhein-Westfalen. In: 29. Rehabilitationswissenschaftliches Kolloquium, S. 428-431; Park, B. J., Tsunetsugu, Y., Kasetani, T., Hirano, H., Kagawa, T., Sato, M. & Miyazaki, Y. (2007), Physiological effects of shinrin-yoku (taking in the atmosphere of the forest) – using salivary cortisol and cerebral activity as indicators. In: Journal of physiological anthropology, 26 (2), S. 123–128.

26 Frankl, V. E. (1957), Die Automation als psychiatrisches Problem. In: Die österreichische Volkshochschule, Nr. 25, S. 8.

27 Civit, M., Civit-Masot, J., Cuadrado, F. & Escalona, M. J. (2022), A systematic review of artificial intelligence-based music generation: Scope, applications, and future trends. In: Expert Systems with Applications 209, S. 118–190.

28 Dimsdale, J. E. (2016), Anatomy of malice: The enigma of the Nazi war criminals. Yale University Press; Zillmer, E. A., Harrower, M., Ritzler, B. A. & Archer, R. P. (2013), The quest for the Nazi personality: A psychological investigation of Nazi war criminals. Abingdon: Routledge.

29 Saxton, R. (2017), The process of composition from detection to confection. In: Composition – Performance – Reception. Abingdon: Routledge, S. 1–16.

30 Le Soldat, J. (1993), Kekulés Traum. Ergänzende Betrachtungen zum „Benzolring". In: Psyche, 47(2), S. 180–201.

31 Frankl, V. E. & Lapide, P. (2005), Gottsuche und Sinnfrage. Ein Gespräch. Gütersloh: Gütersloher Verlagshaus, S. 53.

32 Ebda.

33 Hildesheim, D. (2022), Gedanken zu Frankls Freiheitsbegriff. In: Schönfeld, H. (Hg.), ...und es geht weiter. Elisabeth Lukas zum 80. Geburtstag. Bamberg: Elisabeth-Lukas-Archiv.

34 Frankl, V. E. (2005), Ärztliche Seelsorge. Grundlagen der Logotherapie und Existenzanalyse. Wien: Deuticke, S. 46f.

35 Lukas, E. (1991), Die magische Frage „Wozu". Logotherapeutische Antworten auf existentielle Fragen. Freiburg: Herder, S. 32ff.

36 Frankl, V. E. (1997), Die Psychotherapie in der Praxis. Eine kasuistische Einführung für Ärzte. München: Piper, S. 73.

37 Wolf, C. (2014), Ein Tag im Jahr: 1960–2000. Frankfurt a. M.: Suhrkamp Verlag.

38 Frankl, V. E. (1954), Das Menschenbild der Psychotherapie. In: Wiener Medizinische Wochenschrift 33/34.

39 Batthyány, A. & Guttmann, D. (2006), Empirical Research in Logotherapy and Meaning-Oriented Psychotherapy. Phoenix, AZ: Zeig, Tucker & Theisen, vor allem die Kapitel 1–3.

40 Frankl, V. E. (1997), Der Mensch vor der Frage nach dem Sinn. München: Piper, S. 234.